KB211352

부활절 이야기

당신이 하나님을 더 깊이 알아가고 더 널리 알리는 사람이 되는 것, 이 책에 담긴 도서출판 예수전도단의 마음입니다. 말씀을 통해 저자가 깨닫고, 원고를 통해 저희가 누릴 수 있었던 그 감동이 책을 통해 당신에게도 전해지기 원합니다. 그리고 당신을 통해 그 기쁨과 은혜가 더 많은 이에게 계속해서 흘러가기를 기도하겠습니다. 이 책을 통해 당신이 받은 은혜를 다른 분들에게도 나눠주십시오. 사랑하고 축복합니다.

# 부활절 이야기

부활절 이야기가 현대인에게 주는 메시지

글 스티브 강

예수전도단

# 추천사

기독교의 핵심 진리 중의 하나가 부활에 관한 내용이다. 하지만 많은 사람들이 이 부활에 대해 잘 모르고, 모르는 것만이 아니라 믿지 않으려 한다. 예수님의 부활에 대해 들어 보았지만 그것을 인간의 이성이나 지식으로, 혹은 자신이 경험한 것으로 제한하여 이해하려고 한다. 하지만 우리들이 교회를 평생 다닌다고 해서, 혹은 신학교에 들어가서 성경을 연구하는 것만으로는 절대로 예수님의 부활의 의미를 알 수 없을 것이다. 오히려 부활을 어떤 현상이나 합리적인 설명으로만 기술하게 될 수도 있다. 하지만 우리들이 그리스도의 부활을 믿지 않는다면, 우리에게 미래의 소망은 없다. 예수님께서 다시 살아나셨기 때문에, 우리는 죽음을 넘어선 영원한 삶을 소망하는 것이다.

스티브 강 목사님의 책『부활절 이야기』는 제목 그대로 예수님의 부활에 관한 이야기이다. 그리고 이 이야기는 성경에 나온 예수님의 죽으심과 부활에 관련된 사건들, 그리고 예수님 곁에 있던 사람들의 관점에서 쓰인 이야기들이다. 예수님을 배반한 사람, 처음에는 예수님의 죽음만을 보고 부활을 믿지 못했지만 다시 사신 예수님을 직접 보고 변화된 사람들, 예수님의 부활을 의심한 사람, 예수님의 죽음을 방조한 사람들, 이런 사람들의 이야기가 담겨있다. 그리고 그들은 바로 우리와 같은 사람들이다. 믿기는 하지만 확신이 없으며, 예수님의 부활에 대해 늘 반신반의하며, 의리를 지키지 못하며, 예수님보다 세상이 좋아서 예수님을 배반하는 모습 등 우리들의 여러 모습이 투영되어 있다.

그리스도의 부활에 관한 내용을 이해하는 것은 쉽지 않을 것이다. 하지만 이 책을 읽다 보면 나와 같은 사람들의 모습, 연약한 모습으로 넘어지며 쓰러지는 나를 발견하게 되고 죽음을 이기신 예수님을 통해 앞으로 어떤 소망을 가지고 살아가야 할 것인지를 깨닫게 된다. 이 책을 통해 우리들이 어떻게 예수님의 부활의 의미를 이해하여 변화된 삶을 살 것인가를 조용하지만 강력하게 결단하게 되는 것이다.

예수님의 부활에 대해, 우리의 믿음에 대한 확신을 갖고 부활의 소망으로 살아가기를 원하는 많은 성도에게 이 책을 추천하고 싶다. 목회자만이 아니라 예수님의 죽음과 부활의 그 의미를 바로 깨닫고 변화된 삶을 살기를 원하는 모든 사람에게 이 책을 추천한다.

박현수 박사  미국 센트럴 신학대학원 교수

# 목차

## 머리말

전 세계 대부분의 사람이 예수님에 관한 이야기를 알고 있다. 예수님을 구세주로 믿지 않는 사람들도 예수라는 사람이 2천 년 전에 십자가에 달려 죽었다는 사실은 안다. 하지만 이 사실을 진지하게 믿는 것은 다른 문제다. 부활 역시 마찬가지다. 많은 사람이 예수님의 부활에 대해 들어서 알고 있지만, 그것은 2천 년 전에 일어난 역사적 사건에 불과하고 자신의 삶과 별 상관없다고 생각한다.

예수님을 믿는 사람들조차 부활 이야기가 자신들에게 어떤 의미를 주는지 잘 모른다. 하지만 예수님의 죽음과 부활은 현대인의 삶에 큰 의미와 도전을 준다.

성경의 저자들은 오로지 역사적 사건으로 남기기 위해 부활 이야기를 기록한 것이 아니다. 그들은 부활 이야기 속에 담긴 의미를 전해 주었다. 따라서 우리는 부활의 진정한 의미를 깨달아 삶 가운데 적용해야 한다. 그래야 2천 년 전에 부활하신 예수님의 이야기가 우리의 삶에 변화를 일으킬 수 있다.

이 책이 부활절의 의미를 이해하는 데 도움이 되길 바란다. 죽음에서 부활하신 예수님을 통해 변화된 삶을 사는 모두가 되길 소망한다.

2025년 3월 스티브 강

## 감사의 말

나는 서울에서 태어나 예수님을 믿지 않는 가정에서 자랐다. 중학생이 될 무렵 친구의 전도로 처음 교회에 나가게 되었고, 1976년에 가족과 함께 미국으로 이민을 왔다. 미국에서도 계속 교회를 다녔지만, 예수님을 영접하지는 않았다. 그러던 중 1980년에 비로소 예수님을 구세주로 영접했고, 삶 전부를 주님께 헌신함으로써 주님의 제자가 되었다.

부족한 나를 목사로 불러 지금까지 인도하신 하나님께 감사와 영광을 올려드린다. 내가 그리스도 안에서 성장하도록 많은 도움을 주신 목사님과 교수님들, 친구들에게 감사의 마음을 전한다. 설교를 통해 섬길 수 있도록 도와주신 시카고 에버그레이스 교회의 성도들에게도 감사드린다. 항상 내 곁에서 힘이 되어 주는 아내와 딸에게 고맙고 사랑한다고 말하고 싶다.

이 책이 나올 수 있도록 많은 분이 도와주셨다. 좋은 가르침을 주신 여러 교수님께 감사드린다. 원고를 수정하고 조언해 주신 박현수 목사님과 김보라 선교사님께 감사의 뜻을 전한다. 마지막으로 이 책이 출간되도록 도와주신 출판사의 모든 분께 감사드린다.

※ 참고로 이 책에 인용된 모든 성경 구절은 개역개정 성경이다.

# 1장

# 가룟 유다 이야기

마태복음 26:6-25

6 예수께서 베다니 나병환자 시몬의 집에 계실 때에

7 한 여자가 매우 귀한 향유 한 옥합을 가지고 나아와서 식사하시는 예
  수의 머리에 부으니

8 제자들이 보고 분개하여 이르되 무슨 의도로 이것을 허비하느냐

9 이것을 비싼 값에 팔아 가난한 자들에게 줄 수 있었겠도다 하거늘

10 예수께서 아시고 그들에게 이르시되 너희가 어찌하여 이 여자를 괴롭
   게 하느냐 그가 내게 좋은 일을 하였느니라

11 가난한 자들은 항상 너희와 함께 있거니와 나는 항상 함께 있지 아니
   하리라

12 이 여자가 내 몸에 이 향유를 부은 것은 내 장례를 위하여 함이니라

13 내가 진실로 너희에게 이르노니 온 천하에 어디서든지 이 복음이 전파
   되는 곳에서는 이 여자가 행한 일도 말하여 그를 기억하리라 하시니라

14 그 때에 열둘 중의 하나인 가룟 유다라 하는 자가 대제사장들에게 가
   서 말하되

15 내가 예수를 너희에게 넘겨 주리니 얼마나 주려느냐 하니 그들이 은
   삼십을 달아 주거늘

16　그가 그 때부터 예수를 넘겨 줄 기회를 찾더라

17　무교절의 첫날에 제자들이 예수께 나아와서 이르되 유월절 음식 잡수실 것을 우리가 어디서 준비하기를 원하시나이까

18　이르시되 성안 아무에게 가서 이르되 선생님 말씀이 내 때가 가까이 왔으니 내 제자들과 함께 유월절을 네 집에서 지키겠다 하시더라 하라 하시니

19　제자들이 예수께서 시키신 대로 하여 유월절을 준비하였더라

20　저물 때에 예수께서 열두 제자와 함께 앉으셨더니

21　그들이 먹을 때에 이르시되 내가 진실로 너희에게 이르노니 너희 중의 한 사람이 나를 팔리라 하시니

22　그들이 몹시 근심하여 각각 여짜오되 주여 나는 아니지요

23　대답하여 이르시되 나와 함께 그릇에 손을 넣는 그가 나를 팔리라

24　인자는 자기에 대하여 기록된 대로 가거니와 인자를 파는 그 사람에게는 화가 있으리로다 그 사람은 차라리 태어나지 아니하였더라면 제게 좋을 뻔하였느니라

25　예수를 파는 유다가 대답하여 이르되 랍비여 나는 아니지요 대답하시되 네가 말하였도다 하시니라

누구나 한번은 절박한 상황에서 하나님께 흥정하듯 기도한 경험이 있을 것이다. "하나님, 이 기도만 들어주시면 무엇이든 다 하겠습니다." 잘 가지 않던 교회에 매주 나가겠다고 약속하는 사람도 있고, 새벽 기도를 시작하겠다고 결심하는 사람도 있다. 십일조를 드리겠다고 다짐하기도 하며, 후원과 기부를 계획하기도 한다. 그러다 자신이 원하는 대로 기도가 응답되지 않으면 이내 하나님을 원망한다. 절망에 빠져 주님을 떠나 버리기도 한다. "좋습니다! 이제 다시는 하나님을 찾지 않겠습니다. 내 뜻대로 살겠습니다."

예수님을 배반한 가룟 유다 역시 우리의 이런 모습과 닮았다. 가룟 유다는 예수님이 자기 생각과 다른 길로 가시는 것을 보고 그분을 버렸다. 겉모습은 거룩해 보이는 제자였지만, 자신의 이익을 위해 언제든 예수님을 팔 수 있는 배신자였다.

우리 마음속 깊은 곳에도 유다가 있지 않을까? 어쩌면 많은 사람이 유다와 같은 마음을 숨긴 채 살고 있는지도 모른다. 그렇기 때문에 유다의 이야기는 오직 자신의 이익을 위해 예수님을 따르는 사람들에게 큰 찔림을 준다.

## 1. 예수님을 이용하지 말라 (6-13절)

가룟 유다는 성경에 등장하는 대표적인 배신자이다. 그는 자신의 목적을 이루기 위한 수단으로 예수님을 이용했다. 그러나 예수님을 수단으로 이용하려 한 사람이 유다뿐이었을까? 다른 제자들 역시 마찬가지였다. 그들은 사회적으로 출세하기 위해 예수님을 따랐다.

즉 모두가 순수한 마음으로 예수님을 따르지는 않았다.

　유다가 처음부터 배신할 생각으로 예수님을 따른 것은 아니다. 예수님에게서 마음이 돌아선 결정적 사건이 있었다. 예루살렘 동쪽 2.5킬로미터에 베다니라는 마을이 있었다. 어느 날 그곳에서 예수님과 제자들이 식사할 때 한 여인이 찾아왔다. 여인은 향유를 가지고 왔는데 그것은 당시 보통 사람이 1년 수입을 꼬박 모아야 살 수 있는 귀한 물건이었다. 그런데 이 여인이 그 값비싼 향유를 예수님의 머리에 붓는 것 아닌가! 향기가 집안 가득 퍼졌고, 옆에 있던 제자들은 매우 당황했다. 값비싼 향유를 낭비했다고 생각한 제자들은 여인의 행동을 못마땅히 여기며 화를 냈다. "무슨 의도로 이것을 허비하느냐!" 그러나 예수님의 생각은 제자들과 달랐다. 오히려 여인을 괴롭히지 말라며 제자들을 나무라셨다. "너희가 어찌하여 이 여자를 괴롭게 하느냐." 예수님은 왜 그러셨을까?

　예수님은 이 여인이 향유를 부음으로써 자신을 경배한다는 사실을 아셨다. 예수님의 장례를 미리 준비한 여인을 칭찬하며, 더불어 그녀가 행한 일이 복음이 전파되는 모든 곳에 알려질 것이라고 말씀하셨다.

　이것이 우리가 성경의 권위를 믿는 이유 중 하나이다. 베다니라는 작은 마을에서 어느 여인이 행했던 일이 2천 년이 지난 지금도 전 세계에서 회자되고 있다. 예수님의 말씀처럼, 이 여인이 행한 일이 온 천하에 알려졌다.

　예수님이 여인에게 엄청난 축복을 허락한 것은 그녀에게 감동

받으셨기 때문이다. 당시 대부분의 사람은 예수님을 자기 목적을 이루기 위한 수단으로 이용했지만, 이 여인은 달랐다. 그녀는 예수님이 바로 나의 죄를 위해 돌아가실 것을 믿었고, 그 믿음으로 예배했다. 자신이 가진 모든 것을 드려 예수님을 경배했으며 다른 동기나 속셈은 없었다. 여인의 이런 마음에 예수님은 감동하셨다.

이제 스스로에게 질문해 보라. 내가 예수님을 따르는 진짜 이유는 무엇인가? 예수님이 하나님이고, 우리의 죄를 대속하기 위해 돌아가셨다는 사실을 믿기 때문인가? 아니면 다른 동기나 속셈이 있는가?

예수님을 어떤 것과 흥정하려고 한다면, 그분을 따르는 데 다른 계산이 있다는 증거이다. 이는 자신의 목적을 위해 예수님을 이용하려 한다는 증거이기도 하다. 자신의 뜻을 이루는 수단으로 예수님을 이용한다면, 그는 유다처럼 언젠가 주님을 배반할 것이다.

## 2. 예수님을 배신하지 말라 (14-16절)

요한은 이날 있었던 사건에 대해 요한복음 12장에 좀더 자세히 기록했다.

4 제자 중 하나로서 예수를 잡아 줄 가룟 유다가 말하되 5 이 향유를 어찌하여 삼백 데나리온에 팔아 가난한 자들에게 주지 아니하였느냐 하니 6 이렇게 말함은 가난한 자들을 생각함이 아니요 그는 도둑이라 돈궤를 맡고 거기 넣는 것을 훔쳐 감이러라 (요 12:4-6)

요한은 가룟 유다에 대해 개인적으로 잘 알았다. 이날 여인을 비난하는 데 앞장선 사람이 바로 유다였다. 공동체에서 재정 관리를 맡은 유다는 돈을 조금씩 횡령하고 있었다. 이 여인이 향유를 팔아 돈으로 주었다면 한몫 단단히 챙길 수 있었을 것이다. 그런데 예수님의 머리에 그 값비싼 향유를 모두 부어 버리자 화가 날 수밖에 없었다. 게다가 예수님은 그녀를 칭찬하기까지 하시니 더 이상 참을 수 없었다.

이 일이 있고 난 뒤 예수님과 제자들은 예루살렘으로 향했다. 유월절을 앞두고 대제사장과 서기관들은 예수님을 어떻게 죽일지 궁리하고 있었다. 유다는 대제사장들에게 가서 예수님을 넘겨주겠다고 제안했고 그 대가로 은 삼십을 받았다. 그때부터 유다는 예수님을 넘길 기회를 엿보기 시작했다.

대제사장 가야바는 유다의 도움 없이는 예수님을 체포할 수 없었다. 당시 많은 사람이 예수님을 따랐기 때문에 어디를 가든 큰 무리가 그분과 함께 있었다. 예수님을 체포하기 위해서는 그분의 측근으로부터 도움을 받아 사람들이 없을 때를 노려야 했다.

유다는 이제 더 이상 예수님으로부터 얻을 것이 없다고 생각했다. 그래서 주님을 배신하기로 결정하고 은 삼십에 판 것이다. 이것이 자신에게 가장 이익이 되는 행동이라고 생각했다. '도대체 어떻게 예수님을 은 삼십과 바꾸려고 했을까?'라고 생각할 수 있지만, 우리는 때때로 은 삼십보다 더 작은 것을 위해 예수님을 배신한다.

예수님께 온전히 헌신하겠다고 고백했지만, 주위 시선이 신경 쓰여 밖에서는 식전 기도를 하지 않는다. 크고 작은 이유로 주일 예배에 빠진다. 지출이 많아지면 십일조를 건너뛴다. 작은 이익을 위해 서슴없이 거짓말한다. 예수님을 모르는 사람들과 어울릴 때 신앙에 대한 언급은 되도록 피한다. 예수님과 약속한 것들을 너무도 쉽게 어긴다. 이것들이 유다의 배신과 다르지 않다. 나는 어떤 경우에도 예수님과 함께 있는가? 아니면 사소한 유익을 위해 배신자의 편을 택하는가?

### 3. 예수님께 맞서지 말라 (17-25절)

목요일 오후, 예수님은 제자들을 예루살렘에 보내면서 마지막 유월절 식사할 곳을 준비하게 하셨다. 그리고 자신도 어두워지기 전에 다른 제자들과 함께 예루살렘으로 가셨다. 잠시 후 그들은 다락방에 모였다. 누군가가 제안했다. "식사 후 겟세마네 동산에 가서 기도합시다." 그러자 유다는 생각했다. '이때다! 예수님을 팔 기회가 왔다! 밤이 늦어서 거기에는 사람들이 없을 거야.' 하지만 예수님은 이미 그가 무슨 생각을 하는지 아셨다.

저녁 식사를 하던 중 예수님은 제자들에게 너희 중 한 사람이 나를 팔 것이라고 말씀하셨다. 그러면서 나를 파는 사람은 화를 당할 것이며, 차라리 태어나지 않는 게 좋을 뻔했다고 덧붙이셨다. 함께 있던 제자들 모두 자신은 예수님을 배신하지 않을 것이라고 생각했다. 유다도 마찬가지였다. "나는 아니지요." 이에 예수님은

"네가 말하였도다"라고 간단하게 답하셨다. 아무도 예수님이 가룟 유다에게 하신 말씀의 의미를 이해하지 못했다. 예수님은 유다가 무엇을 꾸미고 있는지 알았지만 막지 않으셨다. 이는 하나님이 유다를 통해 그분의 주권적 계획을 이루셨음을 보여 준다.

아무도 하나님의 계획을 막을 수 없다. 그 뜻에 저항하는 사람은 비참한 결과를 맞을 것이다. 유다의 종말은 어땠는가?

> 3 그 때에 예수를 판 유다가 그의 정죄됨을 보고 스스로 뉘우쳐 그 은 삼십을 대제사장들과 장로들에게 도로 갖다 주며 4 이르되 내가 무죄한 피를 팔고 죄를 범하였도다 하니 그들이 이르되 그것이 우리에게 무슨 상관이냐 네가 당하라 하거늘 5 유다가 은을 성소에 던져 넣고 물러가서 스스로 목매어 죽은지라 (마 27:3-5)

예수님이 유죄 판결을 받자 유다는 죄책감에 빠져 대제사장과 장로들에게 은 삼십을 도로 갖다 주었지만 이미 벌어진 일을 되돌릴 수는 없었다. 결국 그는 은을 던지고 나가서 목매어 죽었다. 유다는 한때 중요하다고 생각하던 것이 얼마나 무의미한지 깨달았다.

하나님은 사람들의 자유 의지를 존중하신다. 그래서 그분의 뜻에 반대되는 길을 가기로 고집하면 강제로 막지 않으신다. 물론 성령님을 통해, 그리고 다른 그리스도인들을 통해 계속 경고하신다. 그러나 끝까지 거역하는 사람을 억지로 막지는 않으신다. 결국 어떻게 되는가? 다치는 것은 거스르고 고집한 사람뿐이다. 유다는 자신의 유익을 위해 은 삼십에 예수님을 팔고 그분의 주권에 대항하려 했지만 비참한 결과를 맞고 말았다. 하나님의 주권에 대항할 수 있지만 결국 상하는 것은 본인이다.

하나님은 온 우주의 창조주이고 통치자이며 그분의 주권은 절대적이다. 그 크신 주님께 맞서고 있는가? 돌이켜 두 손 들고 예수님에게로 나아가라. 내 뜻을 위해 주님의 주권에 맞서는 것은 어리석을 뿐더러 매우 위험하다.

---

하나님과 흥정하려는 이유가 무엇인가? 헌신보다 흥정이 쉽기 때문이다. "하나님, 이것만 해 주시면 하나님이 원하시는 것을 하겠습니다!"라고 말하는 것이 "하나님, 모든 것을 헌신하겠습니다!"라고 말하는 것보다 훨씬 쉽다. 그러나 가장 안전하고 확실한 축복의 삶은 하나님께 맡기고 헌신하는 삶이다. 하나님은 그분께 맡긴 모든 것을 책임져 주신다.

공항에서 짐을 따로 부친 후 목적지에 도착해서 찾으려는데 가방이 없어졌다. 이런 상황이라면 항공사가 가방에 대한 책임을 져야 한다. 그러나 똑같이 공항에서 가방을 잃어버려도 전혀 도움을 받을 수 없는 경우가 있다. "제가 가방을 잃어버렸습니다. 가방을 의자에 놔두고 화장실에 갔다 와 보니 없어졌습니다." 그러면 항공사 직원은 이렇게 말할 것이다. "죄송합니다. 찾아 보기는 하겠지만 가방을 항공사에 맡기신 것이 아니기 때문에 책임은 질 수 없습니다."

하나님도 그분에게 맡긴 것들만 책임져 주신다. 헌신하지 않은 부분은 책임지지 않으신다. 모든 것을 헌신하면 모든 것을 책임져 주신다. 이것이 바로 가장 안전하고 확실하고 축복된 삶을 사는 길이다.

자신의 목적을 이루기 위해 예수님을 이용하려 하면 안 된다. 자신의 이익을 위해 예수님을 배신해서는 안 되고, 자신의 뜻을 이루기 위해 예수님의 주권에 맞서면 안 된다. 대신 하나님께 온전히 헌신한 사람은 온전한 축복을 받는다. 귀한 향유를 예수님께 드렸던 그 여인처럼 말이다.

# 2장
# 성찬식 이야기

마태복음 26:17-30

17 무교절의 첫날에 제자들이 예수께 나아와서 이르되 유월절 음식 잡수실 것을 우리가 어디서 준비하기를 원하시나이까

18 이르시되 성안 아무에게 가서 이르되 선생님 말씀이 내 때가 가까이 왔으니 내 제자들과 함께 유월절을 네 집에서 지키겠다 하시더라 하라 하시니

19 제자들이 예수께서 시키신 대로 하여 유월절을 준비하였더라

20 저물 때에 예수께서 열두 제자와 함께 앉으셨더니

21 그들이 먹을 때에 이르시되 내가 진실로 너희에게 이르노니 너희 중의 한 사람이 나를 팔리라 하시니

22 그들이 몹시 근심하여 각각 여짜오되 주여 나는 아니지요

23 대답하여 이르시되 나와 함께 그릇에 손을 넣는 그가 나를 팔리라

24 인자는 자기에 대하여 기록된 대로 가거니와 인자를 파는 그 사람에게는 화가 있으리로다 그 사람은 차라리 태어나지 아니하였더라면 제게 좋을 뻔하였느니라

25 예수를 파는 유다가 대답하여 이르되 랍비여 나는 아니지요 대답하시되 네가 말하였도다 하시니라

26 그들이 먹을 때에 예수께서 떡을 가지사 축복하시고 떼어 제자들에게 주시며 이르시되 받아서 먹으라 이것은 내 몸이니라 하시고

27 또 잔을 가지사 감사 기도 하시고 그들에게 주시며 이르시되 너희가 다 이것을 마시라

28 이것은 죄 사함을 얻게 하려고 많은 사람을 위하여 흘리는 바 나의 피 곧 언약의 피니라

29 그러나 너희에게 이르노니 내가 포도나무에서 난 것을 이제부터 내 아버지의 나라에서 새것으로 너희와 함께 마시는 날까지 마시지 아니하리라 하시니라

30 이에 그들이 찬미하고 감람 산으로 나아가니라

예수님을 구세주로 믿는 사람들은 그분의 십자가를 생각하며 빵과 포도주를 나눈다. 그리스도인은 교회에서 구원의 은혜에 감사하며 성만찬을 하지만, 유대인은 유월절 식사를 한다. 성만찬과 유월절 식사는 밀접하게 연관되어 있다.

유월절에서 '유월'이라는 단어는 '뛰어넘다' 또는 '넘어서다'라는 뜻이다. 이런 의미에서 유월절은 '죽음의 재앙이 넘어간 것'을 기념하는 날이다. 사람들은 애굽에서 종살이하던 이스라엘 백성을 구원하신 하나님의 역사를 기념하며 이날을 지켰다.

이스라엘 백성이 애굽에서 벗어날 때 열 가지 재앙이 임했다. 그중 마지막은 애굽 땅에서 처음 난 모든 것이 죽는 재앙이었다. 이 재앙을 피할 길이 있었는데, 하나님은 그 방법을 모세를 통해 알려 주셨다. 첫째, 죄를 상징하는 누룩을 집에서 없앤다. 둘째, 흠 없는 어린 양을 죽여 그 피를 문설주에 바른다. 믿음으로 그 피를 문설주에 바른 사람의 집은 죽음의 천사가 그냥 넘어갔다. 마지막으로, 어린 양의 고기를 먹되 뼈는 하나도 꺾으면 안 된다. 이때 모세의 명령을 믿고 순종한 사람은 모두 살았지만, 믿지 않고 불순종한 사람은 장자의 죽음을 겪었다. 모든 장자가 죽은 후에야 애굽 사람들은 이스라엘 백성을 보내 주었다. 이것이 이스라엘이 애굽의 종살이에서 해방된 과정이고, 그들이 유월절을 지키는 이유이다.

유월절로부터 1천5백 년이 지난 어느 날, 예수님과 제자들이 모여 유월절을 기념하고 있었다. 식사하던 중 예수님이 그들 가운데 한 사람이 자신을 배반할 것이라고 말씀하셨다. 제자들 모두 자기는 예수님을 배반하지 않을 것이라 생각했다. 그날 저녁 예수님을 팔 계획인 가룟 유다도 다른 제자들처럼 예수님의 말씀을 부인했다. 하지만 예수님은 무슨 일이 일어날지 이미 아셨다. 주님은 십자가에 못 박혀 죽을 것이고 사흘 만에 부활하실 것이다.

유다가 예수님을 배신했지만, 예수님이 자신을 배신한 사람 때문에 돌아가신 것은 아니다. 예수님의 죽음은 하나님이 계획하고 성취하신 일이다. 이 사건을 통해 하나님의 주권과 인간의 책임이 만났다. 하나님은 그분의 구속사를 이렇게 이루셨다.

예수님과의 대화를 마친 유다는 황급히 대제사장에게 가서 주님이 어디로 가실지 알려 주었다. 이 일이 은밀하게 진행되는 동안 예수님은 성만찬을 제정하셨다.

## 1. 예수님이 구세주이심을 믿으라 (26-28절)

예수님은 떡을 떼어 제자들에게 주며 "이것은 나의 몸이다"라고 말씀하셨다. 그리고 잔을 들어 감사 기도를 하고 제자들에게 주며 "이것은 나의 피다"라고 말씀하셨다. 그 잔은 죄를 사하기 위해 많은 사람을 위해 흘리는 그분의 피, 곧 언약의 피였다. 즉 예수님은 하나님이 모세 때 이스라엘 백성에게 상징적으로 보인 것을 이루셨다. 하나님은 흠 없는 어린 양의 죽음을 통해 그분의 명령을 믿는 사람들이 죽음을 면할 것을 보여 주셨다. 예수님은 아무 죄가 없지만 그분을 믿는 자들을 구원하기 위해 돌아가신 하나님의 어린 양이다. 그래서 세례 요한은 예수님이 자기에게 나오시는 것을 보고 "보라 세상 죄를 지고 가는 하나님의 어린 양이로다"라고 말한 것이다(요 1:29). 십자가와 부활은 유월절 상징의 성취였다. 예수님은 유월절 어린 양으로 돌아가셨고, 예수님의 피는 유월절 어린 양의 피로서 그분을 구세주로 믿는 모든 사람을 덮었다. 그리고 그분의 뼈는 유월절 어린 양처럼 꺾이지 않았다.

십자가는 참혹한 처형이었다. 십자가에 매달린 죄수는 조금이라도 숨을 쉬기 위해 다리의 힘으로 몸을 들어올리려고 안간힘을 쓴다. 피로와 탈수로 죽을 때까지 이 일을 반복한다. 대부분의 경우 군인들이 죄수의 죽음을 앞당기기 위해 일부러 다리를 부러뜨렸다. 그만큼 십자가는 고통스러운 형벌이었다. 로마 군인은 예수님 옆에 있는 두 죄수의 다리를 꺾었지만, 이미 돌아가신 것을 확인한 예수님의 다리는 꺾지 않았다.

유월절 사건은 사실상 예수님이 이루실 일의 전조였다. 그래서 사도 바울은 유월절을 포함한 구약의 모든 이미지는 장차 올 일의 그림자에 불과하다고 말했다(골 2:17). 즉 구약의 모든 일은 예수님 안에서 현실이 되었다. 죽음의 사자가 유월절 어린 양의 피를 바른 집을 넘어갔듯이, 하나님은 예수님의 피로 씻긴 자에 대한 심판을 넘기신다. 예수님을 영접한 사람들은 그분의 피로 덮였으므로, 하나님은 마지막 심판 날에 그들을 넘어가실 것이다.

유월절 식사 중에 예수님은 성만찬이라는 새로운 의식을 제정하셨다. 그분은 유월절 어린 양이다. 떡이 떼어지듯 예수님의 몸이 찢겼고, 포도주가 부어지듯 그분의 피가 쏟아졌다.

이스라엘 백성은 유월절 식사에 참여하면서 하나님이 그들을 애굽에서 구원하신 일을 기억했다. 이제 그리스도인은 성찬 예식에 참여해 빵을 떼어 먹고 포도주를 마시면서 예수님의 구속사적 죽음을 기억한다. 구속사적 죽음은 예수님이 모든 인간을 구원하기 위해 십자가에 달려 돌아가셨음을 의미한다.

## 2. 삶에서 죄를 제거하라 (26-28절)

예수님은 제자들에게 떡을 떼어 주며 받아먹으라고 말씀하셨다. 떡은 십자가에서 찢긴 예수님의 몸을 상징한다. 또 잔을 들어 감사 기도를 하고 그들에게 주며 마시라고 말씀하셨다. 포도주는 죄를 사하기 위해 많은 사람을 위해 흘린 그분의 피 곧 언약의 피를 상징한다. 그러므로 예수님이 하실 일에 대한 상징으로 떡과 포도주가 사용되었다.

모세 이후, 유월절을 기념하기 위해 유대인들은 집에서 모든 누룩을 없앴다. 누룩이 없는 빵을 만들었고, 포도주에서 알코올을 제거했다. 알코올이 누룩의 한 종류이기 때문에, 포도주에 물을 많이 넣어 알코올을 묽게 하든가 아니면 포도주를 데워 알코올 성분이 날아가게 했다.

성경에서 누룩은 죄를 상징한다. 누룩은 빵 반죽 전체에 매우 빠르게 스며드는데 이는 죄와 닮았다. 누룩과 마찬가지로 죄는 삶의 일부분에서 전체로 빠르게 스며든다. 오늘날 구약의 성경 구절

그대로 집에서 모든 누룩을 없앨 필요는 없지만, 삶 가운데 있는 죄는 철저하게 제거해야 한다. 예수님을 믿는 사람들은 더 이상 죄 가운데 살지 말아야 한다.

> 너희는 누룩 없는 자인데 새 덩어리가 되기 위하여 묵은 누룩을 내버리라 우리의 유월절 양 곧 그리스도께서 희생되셨느니라 (고전 5:7)

바울은 묵은 누룩을 버리고 누룩 없는 새 덩어리가 되라고 말한다. 그 이유는 유월절 어린 양 그리스도가 이미 희생되셨기 때문이다. 바울은 우리가 예수님 안에서 새롭게 되었기 때문에 더 이상 옛 죄를 가지고 살지 말아야 한다고 가르친다. 지금 품고 있는 모든 죄를 버려야 한다. 그래서 바울은 죄를 품고 성찬에 참여하는 것에 대해 경고한다.

> 그러므로 누구든지 주의 떡이나 잔을 합당하지 않게 먹고 마시는 자는 주의 몸과 피에 대하여 죄를 짓는 것이니라 (고전 11:27)

바울은 죄 가운데 살면서 함부로 성찬에 참여해서는 안 된다고 말한다. 성찬 예식을 가볍게 여기지 말라는 것이다. 자신 안에 죄가 남아 있지 않은지 살피고 회개한 후 성만찬에 참여해야 한다.

예수님이 우리를 죄에서 해방시키기 위해 돌아가셨다는 사실을 믿는다고 하면서 여전히 죄 가운데 사는 것은 예수님을 제대로 믿지 않는다는 증거이다. 물론 천국에 가기까지 죄에서 완전히 해방 되는 것은 불가능하지만, 그리스도인이 죄의 노예로 사는 것은 정 상적이지 않다. 실수로 죄를 범할 수는 있지만 죄를 즐기며 사는 것은 있을 수 없는 일이다. 예수님을 믿는 사람은 지금 자신의 삶 속에 있는 죄들을 버려야 한다.

### 3. 천국을 고대하라 (29절)

첫 번째 유월절 때, 애굽에 있던 유대인들은 약속의 땅으로 가는 여정을 준비하기 위해 유월절 식사를 했다. 그리스도인은 예수님 이 주신 떡과 잔을 먹고 마심으로써 천국으로 향하는 여정을 위한 영적 영양분을 공급받을 수 있다.

어떤 사람들은 목사나 신부가 빵과 포도주를 나누며 기도할 때 그것들이 문자 그대로 예수님의 몸과 피가 된다고 믿는다. 예수님 이 떡은 그분의 몸이고 잔은 그분의 피라고 하셨기 때문이다. 하 지만 모든 성경 구절을 이렇게 해석한다면, 예수님이 자신을 '양 의 문'이라고 하셨기 때문에 문자 그대로 예수님이 문이라고 믿어 야 한다(요 10:7).

이와 반대로 어떤 사람들은 성찬을 하면서 빵과 포도주를 먹 는 것은 예수님의 죽음을 기념하는 것에 불과하다고 말한다. 예수 님이 떡을 떼면서 "이것은 너희를 위하는 내 몸이니 이것을 행하 여 나를 기념하라" 하셨고, 또 잔을 가지고 "이 잔은 내 피로 세운 새 언약이니 이것을 행하여 마실 때마다 나를 기념하라"라고 하셨기 때문이다(고전 11:24-25). 하지만 성찬은 예수님의 죽음을 기념하는 것 이상의 의미가 있다. 예수님은 "두세 사람이 내 이름으로 모인 곳에는 나도 그들 중에 있느니라"라고 약속하셨다(마 18:20). 그러므로 우리가 예수님의 이름으로 모여 떡과 잔을 취할 때 주님은 영적으로 그곳에 임재하신다. 그래서 떡과 잔은 우리에게 진정한 영적 양식이 된다.

이런 이유로 우리는 떡과 잔을 함부로 받을 수 없다. 바울은 고린도 교회 성도들에게 성찬 예식의 엄숙함에 대해 말해 주었다.

> 26 너희가 이 떡을 먹으며 이 잔을 마실 때마다 주의 죽으심을 그가 오실 때까지 전하는 것이니라 27 그러므로 누구든지 주의 떡이나 잔을 합당하지 않게 먹고 마시는 자는 주의 몸과 피에 대하여 죄를 짓는 것이니라 28 사람이 자기를 살피고 그 후에야 이 떡을 먹고 이 잔을 마실지니 29 주의 몸을 분별하지 못하고 먹고 마시는 자는 자기의 죄를 먹고 마시는 것이니라 30 그러므로 너희 중에 약한 자와 병든 자가 많고 잠자는 자도 적지 아니하니 31 우리가 우리를 살폈으면 판단을 받지 아니하려니와 32 우리가 판단을 받는 것은 주께 징계를 받는 것이니 이는 우리로 세상과 함께 정죄함을 받지 않게 하려 하심이라 (고전 11:26-32)

고린도 교회 성도 중에는 성만찬을 경솔하게 대했다가 약해지고 병들고 심지어 죽는 사람이 있었다. 경건한 마음으로 예수님의 죽음을 기념했다면, 성찬에 잘못 참여했다고 약해지거나 병들거나 죽는 일은 없었을 것이다. 성찬은 예수님의 영적 임재를 경험하며 영적 양식을 얻을 수 있는 은혜의 시간이다. 이 특별한 시간은 우리가 보다 경건하고 견고한 믿음의 삶을 살도록 도울 것이다.

예수님은 제자들 앞에서 잔을 드셨다. 그러면서 천국에서 그들과 함께 마시기 전까지는 다시 마시지 않겠다고 약속하셨다. 이 말씀을 통해 예수님은 제자들이 영원한 하나님 나라를 바라보게 하셨다. 천국에서 주님과 다시 만날 것을 고대하며 살도록 가르치셨다.

유대인은 메시아를 기다리며 해마다 유월절 식사를 한다. 그러나 그리스도인은 메시아 예수님이 이미 오셨기 때문에 더 이상 유월절 식사를 하지 않고, 대신 하나님 나라에 들어갈 때까지 성찬 예식에 참여한다. 그리고 언젠가 예수님과 함께 천국 잔치에 참여할 것을 기대하며 기다린다.

──────

이스라엘 백성은 애굽의 종살이에서 구원받을 것을 기대하며 첫 번째 유월절 식사를 했다. 이 식사는 이스라엘 백성이 약속의 땅으로 가는 여정을 위한 양식이 되었고, 그들로 약속의 땅에 정착할 것을 기대하며 기다리게 해 주었다. 이처럼 예수님의 성찬은 죄로부터 벗어났음을 알려 준다. 또한 지금 천국을 향한 삶을 사는 데 필요한 영적 양식이 된다. 나아가 미래에 갈 천국에서의 삶을 고대하게 해 준다.

유월절과 유월절 만찬의 사건은 예수님이 하실 일에 대한 상징이었고, 예수님은 이 모든 것을 실제로 성취하셨다. 바로 이것이 그리스도인이 유월절 식사가 아닌 주의 성찬에 참여하는 이유이다.

주의 성찬은 과거, 현재, 미래를 나타낸다. 과거에 예수님이 십자가에서 인간의 죄를 대속하기 위해 돌아가신 희생을 가리키고, 현재 삶 가운데 있는 모든 죄를 없애야 한다는 사실을 알려 주고, 미래에 참여할 천국에서의 만찬을 기대하게 해 준다. 예수님이 인간을 죄에서 구원하기 위해 돌아가신 유월절 어린 양임을 믿자. 지금 나의 삶을 어지럽히는 모든 죄와 치열하게 싸우고, 미래에 예수님과 함께 할 천국에서의 만찬을 고대하자.

성찬은 예수님의 영적 임재를 경험하며 영적

양식을 얻을 수 있는 은혜의 시간이다. 이 특별

한 시간은 우리가 보다 경건하고 견고한 믿음

의 삶을 살도록 도울 것이다.

# 3장
# 십자가 이야기

마태복음 27:45-53

45  제육시로부터 온 땅에 어둠이 임하여 제구시까지 계속되더니

46  제구시쯤에 예수께서 크게 소리 질러 이르시되 엘리 엘리 라마 사박다니
    하시니 이는 곧 나의 하나님, 나의 하나님, 어찌하여 나를 버리셨나이까
    하는 뜻이라

47  거기 섰던 자 중 어떤 이들이 듣고 이르되 이 사람이 엘리야를 부른다
    하고

48  그 중의 한 사람이 곧 달려가서 해면을 가져다가 신 포도주에 적시어 갈
    대에 꿰어 마시게 하거늘

49  그 남은 사람들이 이르되 가만 두라 엘리야가 와서 그를 구원하나 보자
    하더라

50  예수께서 다시 크게 소리 지르시고 영혼이 떠나시니라

51  이에 성소 휘장이 위로부터 아래까지 찢어져 둘이 되고 땅이 진동하며
    바위가 터지고

52  무덤들이 열리며 자던 성도의 몸이 많이 일어나되

53  예수의 부활 후에 그들이 무덤에서 나와서 거룩한 성에 들어가 많은 사
    람에게 보이니라

세상이 아무리 강퍅해졌다고 해도 선한 사람들은 여전히 많다. 어려운 이들을 위해 봉사하고 자신의 것을 나누면서 진심을 다해 이웃을 섬기는 이들의 소식이 이어진다. 그러나 이런 선행이 우리를 구원의 문으로 인도하지는 못한다. 구원은 사람들 보기에 선한 사람이 아니라 예수님을 구세주로 믿는 사람에게만 은혜로 주어진다. 모든 사람은 죄를 품고 있다. 누군가를 고집스럽게 미워하기도 하고, 은밀한 습관을 끊어 내지 못하기도 하며, 자신의 이익을 챙기기 위해 편법을 쓰기도 한다. 이런 죄들을 이겨 내기 위해 마음 속으로 싸운다. 분명히 죄인 것을 알지만 그 고리를 끊어 내지 못하는 연약함이 우리 안에 있다. 이런 죄의 문제가 하나님과의 관계를 막는다.

사도 바울은 "모든 사람이 죄를 범하였으매 하나님의 영광에 이르지 못하더니"라고 말한다 (롬 3:23). 하나님은 거룩한 분이기 때문에 우리는 죄를 가진 채 천국에 들어갈 수 없다. 이 문제를 해결하기 위해 예수님이 십자가에서 돌아가심으로써 죄인인 우리가 구원받을 수 있는 길을 열어 주셨다. 죄의 문제에 대한 해결책이 되어 주신 것이다.

## 1. 용서받았음을 믿으라 (45-50절)

예수님은 아침 9시에 십자가에 달리셨다. 9시부터 정오까지는 평상시처럼 밝았으나, 정오에 초자연적 어둠이 땅을 덮었고 이 어둠은 오후 3시까지 계속되었다. 이것은 모래 폭풍이나 일식 때문에 일어난 자연 현상이 아니었다. 이 어둠이 어떻게 발생했는지 확실히 알 수 없지만 분명한 것은 하나님이 하신 일이라는 사실이다. 대낮에 온 땅을 덮은 어둠은 하나님이 인간의 죄를 심판하시는 표시였다. 이때 예수님은 십자가에서 인간의 모든 죄를 홀로 지고 계셨다. 따라서 이 어둠은 하나님이 예수님을 심판하시는 표시이기도 했다.

어둠이 내리기 전, 예수님은 세 번 말씀하셨다. 먼저, 자신을 십자가에 못 박는 사람들을 위해 기도하셨다. "아버지 저들을 사하여 주옵소서 자기들이 하는 것을 알지 못함이니이다"(눅 23:34상). 예수님은 자신을 죽이는 사람들마저 용서하셨다. 그 후, 회개한 죄수에게 말씀하셨다. "내가 진실로 네게 이르노니 오늘 네가 나와 함께 낙원에 있으리라"(눅 23:43). 회개하고 예수님을 믿은 죄수에게 천국을 약속해 주셨다. 마지막으로, 자신의 어머니에게 말씀하셨다. "여자여 보소서 아들이니이다"(요 19:26하). 예수님은 어머니를 위로하고 요한에게 맡기며 "보라 네 어머니라"라고 말씀하셨다(요 19:27). 요한에게 육신의 어머니를 부탁하신 것이다.

어둠이 내린 세 시간 동안 예수님은 아무 말씀도 하지 않으셨다. 이후 어둠이 사라지자 "나의 하나님, 나의 하나님, 어찌하여 나를 버리셨나이까"라고 부르짖으셨다. 예수님이 인간을 위해 죄가 되신 것은 이 암흑의 때였다(고후 5:21). 예수님은 모든 인간의 죄를 대신 지고 성부 하나님께 버림받으셨다. 어둠은 예수님이 모든 죄를 홀로 담당할 때 받으신 심판과 저주의 상징이었다.

그리스도께서 우리를 위하여 저주를 받은 바 되사 율법의 저주에서 우리를 속
량하셨으니 기록된 바 나무에 달린 자마다 저주 아래에 있는 자라 하였음이라
(갈 3:13)


예수님이 "나의 하나님, 나의 하나님, 어찌하여 나를 버리셨나
이까"라고 부르짖으실 때, 많은 사람은 그 의미를 이해하지 못했
다. 어떤 사람은 예수님이 엘리야에게 도움을 청한다고 생각했다.

예수님은 이어서 "내가 목마르다"라고 말씀하셨다(요 19:28). 몇
몇 사람은 예수님을 불쌍히 여겨 신 포도주로 그분의 입술을 적
시려 했고, 또 다른 사람들은 혹시 엘리야가 예수님을 구하러 오
는지 지켜보기 위해 기다렸다. 마침내 예수님은 "다 이루었다"라
고 말씀하고 머리를 숙이셨다(요 19:30). 이는 헬라어로 '테텔레스타
이'이며 '다 지불되었다'는 뜻의 상업 용어이다. 예수님은 죽음을
통해 인간의 모든 죄값을 대신 지불하셨다. 모든 인간이 벗어날
수 없었던 죄의 문제를 해결해 주신 것이다.

예수님은 "아버지 내 영혼을 아버지 손에 부탁하나이다"라는
마지막 말씀을 남기고 돌아가셨다(눅 23:46). 하나님의 아들이 모든
인간의 죄가 되어 십자가에서 저주를 받아 돌아가셨다.

예수님을 십자가에 못 박은 것은 유대 지도자들, 본디오 빌라
도, 유다가 아닌 바로 우리 자신이다. 예수님은 도무지 갚을 수 없
는 죄의 빚을 대신 갚아 주셨다. 그분으로 인해 우리가 용서받고
죄인의 자리에서 옮겨져 하나님의 자녀가 되었다.

## 2. 하나님과 가까워졌음을 믿으라 (51절)

예수님 당시 예루살렘에는 성전이 있었는데 성전에는 성소와 지성소를 나누는 휘장이 있었다. 대제사장 외에는 아무도 휘장 너머에 있는 지성소에 들어갈 수 없었다. 오직 대제사장만, 그것도 1년에 단 한 번 속죄일에만 들어갈 수 있었다. 그 외에는 아무도 그곳에 들어가 하나님과 대면할 수 없었다. 예수님이 십자가에서 돌아가셨을 때, 그 휘장이 위에서부터 아래로 찢어졌다.

휘장이 찢어지기 전까지는 아무도 하나님과 직접적인 관계를 맺을 수 없었다. 그러나 예수님의 죽음을 통해 모든 사람에게 막혀 있던 하나님께 이르는 길이 열렸다. 하나님이 모두를 그분 앞으로 영접해 주신 것이다. 예수님이 죄의 문제를 해결해 주셨기 때문에, 이제 하나님을 찾는 사람은 누구든지 그분과 직접 관계를 맺을 수 있다. 대제사장이 아니더라도, 누구나 하나님을 직접 알 수 있고 하나님 앞에 나아갈 수 있다.

이것이 가능한 까닭은 하나님이 이 관계를 가능하게 하기 위해 엄청난 대가를 치르셨기 때문이다. 하나님은 이 일을 위해 독생자를 아끼지 않고 주셨다. 따라서 우리는 이 친밀한 관계를 최대한 누려야 한다. 이제 우리는 삶 가운데 어려움이 닥칠 때마다 하나님께 도움을 청할 수 있다. 하나님은 우리의 모든 것을 아시고 이해하시고 언제나 기꺼이 도와주신다. 누구든지 하나님과 가장 친한 친구가 될 수 있다.

죄는 인간과 인간의 관계를 갈라놓는다. 누군가에게 잘못을 저지르면 그 사람과의 관계가 껄끄러워진다. 남편이 아내에게 무언가를 잘못하면 점점 아내를 피하게 되고 결국 그 관계가 망가지기도 한다. 죄는 관계에 영향을 미친다. 이것은 인간과 하나님의 관계도 마찬가지다. 하나님께 죄를 범하면 그분과의 관계가 멀어지고 이내 망가진다.

　모두가 죄를 범했기 때문에 하나님과의 관계가 망가졌다. 하지만 예수님으로 인해 새로운 관계가 형성되었다. 이제 하나님을 직접 알고, 하나님과 직접 대화하고, 하나님 앞에 직접 나아갈 수 있다. 예수님이 이 길을 열어 주셨다는 것을 마음으로 믿는 것이 중요하다. 그 믿음을 가진 사람만이 이 놀라운 관계를 누릴 수 있기 때문이다.

### 3. 영생을 얻었음을 믿으라 (52-53절)

예수님이 부활하셨을 때 그분의 무덤 문만 열린 것이 아니다. 다른 무덤 문들도 열렸고 죽었던 성도들의 몸이 함께 일어났다. 예수님의 부활 후, 그들은 무덤에서 나와 예루살렘 성 안에 들어가 많은 사람에게 모습을 보였다. 이 사건에 대해서는 확실하지 않은 것들이 많다. 이 성도들이 누구였는지, 이들이 어떤 몸을 가지고 있었는지 등은 여전히 불확실하지만, 이 사건이 무엇을 상징하는지는 분명하다. 예수님의 부활은 예수님 안에서 죽은 사람들의 부활을 약속한다는 것이다. 또 이 사건은 예수님이 죽음을 이기셨다는 것을 증명한다. 예수님은 부활함으로써 무덤의 권세를 이기셨다. 예수님의 삶과 죽음, 부활로 인해 무덤은 힘을 잃었다. 그래서 예수님을 믿는 사람들에게는 부활이 있고 영생이 있음을 믿을 수 있다.

예수님을 믿는 사람이 죽으면 그의 영은 바로 천국에 간다. 그래서 예수님은 십자가에서 회개한 죄수에게 "내가 진실로 네게 이르노니 오늘 네가 나와 함께 낙원에 있으리라"라고 말씀하셨다(눅 23:43). 그의 육체는 이 세상에 남아 썩겠지만, 영은 그가 죽은 직후 천국에 들어갈 것이다. 그리고 예수님이 재림하실 때 그의 몸도 부활할 것이다. 그 후 부활한 몸은 그의 영과 다시 하나가 될 것이다. 이것이 믿는 모두에게 이루어질 일이다.

우리는 예수님 안에 있는 영생에 비추어 살아야 한다. 이 세상이 전부인 것처럼 살아서는 안 된다. 이 땅에서의 삶은 언젠가 끝나고, 죽은 후 예수님 앞에서 깨어날 것이다. 그러므로 이 세상에 있는 동안 영원한 천국에서의 삶을 준비해야 한다. 잠깐 있다가 사라질 것이 아닌 영원히 없어지지 않는 하나님 나라에 소망을 두고 살아야 한다.

불치병에 걸리거나 갑작스런 사고로 죽음을 맞는 것은 매우 불행한 일이지만, 그럴 때 이 세상이 끝이 아니라는 사실은 매우 위로가 된다. 우리도 언젠가 영원한 천국에 가서 먼저 간 이들과 만날 것이다. 예수님이 이루신 일 때문에, 우리는 사랑하는 사람들과 천국에서 다시 만날 소망을 갖고 살 수 있다. 이 모든 일이 예수님으로 인해 가능해졌음을 마음으로 믿어야 한다. 믿는 자만이 소망을 가질 수 있기 때문이다.

용서받았음을 믿고 사는 그리스도인에게는 감격이 있다. 하나님과 개인적인 관계를 맺은 그리스도인은 언제나 그분과 동행하며 살아간다. 하나님을 저 멀리 있는 존재로 생각하지 않고, 옆에 계신 아버지로 생각한다. 또한 영원한 천국에 소망을 두고 살기 때문에 이 땅에서 썩어질 것에 집착하지 않는다. 이들의 소망은 세상이 아닌 하늘에 있다. 사랑하는 사람과의 작별을 아쉬워하지만 소망이 없는 것처럼 슬퍼하지는 않는다. 더 좋은 나라에서의 만남이 위로가 되기 때문이다. 영생을 가진 사람들이 삶과 죽음을 대하는 태도는 그렇지 않은 사람들이 흉내 낼 수 없을 정도로 차원이 다르다.

살면서 다른 사람을 탓하기는 쉽다. 반대로 어떤 일이 잘되면 자신에게 모든 공을 돌린다. 우쭐대며 "내가 열심히 노력해서 이룬 거야"라고 말한다. 하지만 우리가 죄에서 구원받고 새로운 삶을 사는 것은 오직 예수님 때문이다. 예수님 때문에 용서받았고, 예수님 때문에 하나님과 친밀한 관계를 누릴 수 있다. 예수님 때문에 우리는 세상 무엇보다 가치 있는 영생을 약속받았다. 십자가를 바라볼 때마다 이 사실을 새롭게 떠올리며 감사하자.

로크리지S.M. Lockridge 목사의 '금요일입니다. 하지만 주일이 다가오고 있습니다'(It's Friday but Sunday is Coming!)라는 시는 우리에게 십자가와 부활의 소망을 들려 준다.

금요일입니다.

예수님은 기도하고 계십니다.

베드로는 자고 있습니다.

유다는 배신합니다.

하지만 주일이 다가오고 있습니다.


금요일입니다.

빌라도는 고군분투합니다.

의회는 음모를 꾸미고 있습니다.

군중은 비방하고 있습니다.

하지만 그들은 모릅니다.

주일이 다가오고 있습니다.


금요일입니다.

제자들은 도망갑니다.

목자 없는 양처럼.

마리아는 울고 있습니다.

베드로는 부인합니다.

그러나 그들은 모릅니다.

주일이 다가오고 있습니다.

금요일입니다.

군인들이 나의 예수님을 때립니다.

그분에게 진홍색 옷을 입힙니다.

가시관을 씌웁니다.

그러나 그들은 모릅니다.

주일이 다가오고 있습니다.


금요일입니다.

갈보리로 걸어가시는 예수님을 봅니다.

피가 떨어집니다.

몸이 비틀거립니다.

그분의 영혼은 짐을 지고 있습니다.

하지만 알다시피, 오늘은 금요일입니다.

주일이 다가오고 있습니다.


금요일입니다.

세상이 승리합니다.

사람들은 죄를 짓고 있습니다.

악은 미소를 짓습니다.


금요일입니다.

군인들은 나의 구세주 손을 십자가에 못 박습니다.

그들은 나의 구세주 발을 십자가에 못 박습니다.
그런 다음 그분을 범죄자 옆에 세웁니다.


금요일입니다.
하지만 한 가지 말하겠습니다.
주일이 다가오고 있습니다.


금요일입니다.
제자들이 묻습니다.
"우리의 왕에게 무슨 일이 일어났는가?"라고.
바리새인들은 축하하고 있습니다.
그들의 계획이 이루어졌다고.
그러나 그들은 모릅니다.
그래 봤자 금요일입니다.
주일이 다가오고 있습니다.


금요일입니다.
그분은 십자가에 매달려 있습니다.
아버지에게 버림받은 채
홀로 남겨져 죽어가고 있습니다.
아무도 그분을 구할 수 없습니까?

오!

오늘은 금요일입니다.

하지만 주일이 다가오고 있습니다.


금요일입니다.

땅이 흔들립니다.

하늘이 어두워집니다.

나의 왕은 그분의 영혼을 의탁합니다.


금요일입니다.

희망이 사라졌습니다.

죽음이 이겼습니다.

죄가 승리했습니다.

그리고 사탄이 웃습니다.


금요일입니다.

예수님이 묻히셨습니다.

군인이 경비를 서고 있습니다.

그리고 바위가 무덤 문을 막았습니다.

하지만 금요일입니다.

그래 봤자 금요일입니다.

주일이 다가오고 있습니다!

# 4장
# 지상 명령 이야기

마태복음 28:18-20

18 예수께서 나아와 말씀하여 이르시되 하늘과 땅의 모든 권세를 내게 주셨으니

19 그러므로 너희는 가서 모든 민족을 제자로 삼아 아버지와 아들과 성령의 이름으로 세례를 베풀고

20 내가 너희에게 분부한 모든 것을 가르쳐 지키게 하라 볼지어다 내가 세상 끝날까지 너희와 항상 함께 있으리라 하시니라

전도와 선교를 해야 하는 이유는 무엇일까? 첫째, 복음을 필요로 하는 사람들이 있기 때문이다. 아담 이후 주후 1,900년까지 살았던 사람들보다 더 많은 수의 사람이 현재 지구상에 살고 있다. 80억 인구 중에는 아직 예수님의 복음을 듣지 못한 사람들이 많다. 이들의 구원을 위해 복음을 전해야 한다. 둘째, 우리는 은혜에 빚진 자들이기 때문이다. 예수님의 자녀는 하나님의 은혜에 빚진 사람들이다. 이 사실을 어떤 사람은 이렇게 표현했다. "우리는 마치 어디에 가면 먹을 것을 받을 수 있는지 아는 거지와 같다. 그래서 다른 굶주린 사람들에게 어디에 가면 먹을 것을 얻을 수 있는지 알려 주어야 한다." 셋째, 하나님의 명령이기 때문이다. 전도와 선교는 특별한 사명을 받은 그리스도인에게만 주어진 명령이 아니다. 그리스도인이라면 누구나 예수님의 복음을 전해야 한다. 넷째, 전도와 선교의 기회가 주어졌기 때문이다. 이제 몇몇을 제외한 대부분의 나라에 전도와 선교의 문이 열렸다. 기회가 주어졌을 때 예수 그리스도를 전해야 한다. 전도와 선교에 힘써야 하는 이와 같은 이유들은 모두 성경에 기록되어 있다. 그러나 이것들이 가장 중요한 이유가 아니라는 것을 사도행전을 보면 알 수 있다.

예수님은 십자가에서 죽었다가 부활하셨다. 그리고 승천하셨다. 이 일이 있은 후 제자들은 모여서 앞으로 어떻게 전도할 것인지 회의하지 않았다. 부활의 기쁨으로 인해 누가 시키지 않아도 자연스럽게 그 놀라운 소식을 전했다. 이들은 전도하려고 애쓰지 않았다. 복음에 대한 벅찬 감격으로 예수님을 전하지 않을 수 없었다. 복음의 기쁜 소식을 깨달은 사람은 가만히 있을 수 없다. 전도와 선교는 예수님을 믿는 사람들의 자연스러운 반응이다. 그러므로 초대 교회의 성도처럼 복음을 전하려면 몇 가지 중요한 진리를 깨달아야 한다.

## 1. 예수님의 권위를 믿으라 (18절)

예수님이 제자들에게 주신 지상 명령은 부활하신 그분의 권위와 밀접한 관계가 있다. 예수님의 권위는 제자들이 자신감을 갖고 복음을 전하도록 도와준다. 이런 이유로 예수님의 권위는 마태복음에서 반복되는 주제 중 하나이다. 마태복음을 보면, 예수님이 산상 설교를 끝내셨을 때 사람들이 말씀의 권위에 놀랐다는 기록이 있다. 예수님은 사역하는 동안 병과 귀신, 죽음을 다스리는 권위를 나타내셨으며, 부활 후에는 "하늘과 땅의 모든 권세를 내게 주셨으니 그러므로 너희는 가서 모든 민족을 제자로 삼으라"라고 명령하셨다. 예수님은 그분의 권위를 여러 영역에서 보여 주셨다.

　예정론은 하나님이 그분의 권위로 구원받을 사람들을 이미 예정하셨다고 주장한다. 이는 자칫하면 예수님을 전하지 않아도 된다는 오해를 낳을 수 있다. 왜냐하면 전도나 선교와 상관없이 하나님은 그들을 구원하실 것이라고 생각하기 때문이다. 그러나 성경을 보면, 예정론은 오히려 예수님을 전해야 하는 중요한 이유가 된다. 사도행전 18장을 보자. 바울이 전도 여행 중 고린도에 갔을 때의 일이다. 온갖 우상과 죄악들이 가득 찬 것을 보며 바울은 복음을 전할 용기를 잃었다. 그때 하나님이 환상 중에 나타나서 계속해서 전도할 것을 명하셨다.

> 9 두려워하지 말며 침묵하지 말고 말하라 10 내가 너와 함께 있으매 어떤 사람도 너를 대적하여 해롭게 할 자가 없을 것이니 이는 이 성중에 내 백성이 많음이라 하시더라 (행 18:9하-10)

하나님이 바울에게 두려워하지 말고 계속해서 복음을 전하라고 명령하신 까닭은 고린도에 구원받을 사람들이 많았기 때문이다. 이를 통해 알 수 있는 것은, 하나님의 예정을 믿기 때문에 더 열심히 전도해야 한다는 사실이다.

직장 동료, 친구, 친척 등 우리 주변에는 예수님을 모르는 사람들이 많다. 오랫동안 기도하며 전도하려 애를 썼지만 요지부동인 경우도 있고, 왠지 쑥스러워 복음을 전할 엄두가 나지 않을 수도 있다. 그러나 어느 경우든 복음 전하는 것을 포기하지 말아야 한다. 부활하신 예수님의 권위를 믿는다면 복음 전하는 일을 멈춰서는 안 된다.

## 2. 제자로서의 책임을 이해하라 (19-20상절)

나는 그리스도인의 모습으로 살고 있는가? 주일마다 교회에 가는 사람은 많다. 하지만 교회를 다닌다고 무조건 그리스도인답게 사는 것은 아니다. 새벽 예배에 나가고 선교 헌금을 하고 구제에 힘쓰지만, 삶에는 아무 변화가 없는 사람들이 있다. 종교적 행위에는 열심을 내지만 내적 변화가 없는 사람들이다. 제자로서의 삶을 살고 있지 않은데 예수님의 제자라고 말할 수 있을까? 예수님의 제자에게는 그분을 닮아야 하는 책임이 있다.

그리스도인이라고 하면서도 정작 예수님을 전하는 데에는 아무 관심 없는 이들이 꽤 많다. 전도해야 한다는 설교에는 "아멘!" 하고 큰 목소리로 답하지만 사실상 복음을 전하는 데에 관심을 두지 않는다. 오히려 세상 사람들과 맛집을 찾아 보고 휴가지를 검색하는 데 더 큰 흥미와 관심을 보이며, 복음은 주일에만 생각하면 된다고 여긴다.

초대 교회 성도들은 부활하신 예수님에 대한 믿음 때문에 삶 전체가 바뀌었다. 생각과 삶의 목적, 소망이 오직 예수님에게 있었다. 사는 것도 예수님을 위해서였고 죽는 것도 예수님을 위해서였다. 지금 우리의 모습은 그 제자들과 닮아 있는가? 아니면 예수님을 믿지 않는 사람과 더 닮아 있는가?

예수님을 닮아가는 정도는 사람마다 다르다. 주님을 닮아가려고 애쓰지만 때론 넘어지기도 하고 옛 사람의 모습이 다시 나타나기도 한다. 그러나 예수님을 믿기 전과 후에 아무 변화도 없다면 내가 예수님을 제대로 믿고 있는지 진지하게 생각해 보아야 한다.

예수님은 제자들에게 "너희는 가서 모든 민족을 제자로 삼아 아버지와 아들과 성령의 이름으로 세례를 베풀고 내가 너희에게 분부한 모든 것을 가르쳐 지키게 하라"라고 명령하셨다. 예수님의 지상 명령은 바른 신학을 믿고 가르치는 것에서 멈추는 것이 아니라, 그분이 명령하신 모든 것을 지키고 또 지키도록 가르치는 것이다. 이것이 바로 지상 명령의 핵심이다. 모든 그리스도인은 제자로서의 책임을 바르게 이해해야 한다. 변화된 삶을 사는 것, 예수님께 순종하고 그분을 닮아가는 것은 그리스도인으로서의 책임이다.

### 3. 예수님의 임재를 경험하라 (20하절)

예수님의 지상 명령은 약속으로 끝난다. 예수님은 "볼지어다 내가 세상 끝날까지 너희와 항상 함께 있으리라"라고 약속하셨다. 이 말씀은 예수님이 '너희가 이것을 하면 내가 너희와 함께해 줄게'라면서 거래를 한 것이 아니라 구약의 약속을 성취하셨다는 것을 말해 준다. 구약은 하나님이 직접 그분의 백성들 가운데 거하실 날이 올 것을 약속한다. 이는 실제로 성취되었다. 사도행전을 보면 초대 교회 성도들은 자신이 경험한 하나님을 사람들에게 전했다. 그들은 날마다 부활하신 예수님의 임재를 경험했고, 그 결과 막연한 신학적 지식을 전한 것이 아니라 자신들이 직접 경험한 예수님을 생생하게 증거했다.

　구약 시대의 하나님은 백성과 거리를 두셨다. 성막이나 성전에만 거하셨고, 백성은 그분 앞에 직접 나올 수 없었다. 대제사장들만 하나님의 영이 거하시는 지성소 안에 1년에 한 번 들어갈 수 있을 뿐이었다. 구약의 선지자들은 하나님이 직접 그분의 백성들 가운데 거하실 날이 올 것이라고 예언했다. 하나님이 그들 안에서 역사하실 것이다. 그리고 오순절에 성령님이 임하심으로써 이 약속이 이루어졌다.

예수님의 제자들은 이제 하나님을 직접 경험하는 삶을 산다. 하나님의 영인 성령님이 각 사람 안에 거하시기 때문에 하나님에 대해 증거할 수 있다. 흔히 기독교를 체험의 종교라고 말한다. 하나님을 믿는 사람은 그분이 나의 삶에 어떻게 역사하고 계신지 분명하게 전할 수 있어야 한다. 이것이 능력 있는 전도이며 강력한 선교이다. 전도의 능력은 신학적 지식이 아니라 예수님을 경험하는 삶에 있다.

초대 교회의 제자들은 자신의 삶 가운데 역사하시는 하나님을 증거했다. 우리의 삶 가운데 역사하시는 하나님을 나타내기 위해서는 그분과 함께하는 시간을 가져야 한다. 기도와 말씀을 통해 하나님을 만나야 한다. 하나님의 말씀에 민감하게 반응하고 순종하며 그분과 동행하는 삶을 산다면, 복음을 전할 때 우리의 생각과 기대를 뛰어넘는 놀라운 능력이 더해질 것이다.

---

초대 교회 성도들처럼 전도와 선교의 열매를 맺고 싶은가? 그렇다면 예수님의 권위를 믿고 그분을 삶의 주인으로 삼아야 한다. 예수님의 주권을 믿고 끝까지 복음을 전해야 한다. 또한 예수님 제자로서의 책임을 이해하고 그분을 닮아가는 삶을 살아야 한다. 그 변화된 삶으로 인해 사람들이 예수님을 믿게 될 것이다. 마지막으

로 부활하신 예수님의 임재를 경험해야 한다. 예수님이 삶 가운데 역사하시는 것을 직접 경험하고 그 경험한 예수님에 대해 증거하면, 우리는 복음의 열매를 거둘 것이다.

# 5장
# 여인들 이야기

## 마가복음 16:1-8

1   안식일이 지나매 막달라 마리아와 야고보의 어머니 마리아와 또 살로메
    가 가서 예수께 바르기 위하여 향품을 사다 두었다가

2   안식 후 첫날 매우 일찍이 해 돋을 때에 그 무덤으로 가며

3   서로 말하되 누가 우리를 위하여 무덤 문에서 돌을 굴려 주리요 하더니

4   눈을 들어본즉 벌써 돌이 굴려져 있는데 그 돌이 심히 크더라

5   무덤에 들어가서 흰 옷을 입은 한 청년이 우편에 앉은 것을 보고 놀라매

6   청년이 이르되 놀라지 말라 너희가 십자가에 못 박히신 나사렛 예수를
    찾는구나 그가 살아나셨고 여기 계시지 아니하니라 보라 그를 두었던
    곳이니라

7   가서 그의 제자들과 베드로에게 이르기를 예수께서 너희보다 먼저 갈릴
    리로 가시나니 전에 너희에게 말씀하신 대로 너희가 거기서 뵈오리라 하
    라 하는지라

8   여자들이 몹시 놀라 떨며 나와 무덤에서 도망하고 무서워하여 아무에게
    아무 말도 하지 못하더라

미국 16대 대통령 에이브러햄 링컨Abraham Lincoln은 수많은 실패를 겪은 사람이다. 22세에 사업에 실패했다. 이후 23세에 주 의회에 출마했으나 낙선했다. 24세에 다시 시작한 사업에도 실패하여 17년 동안 빚을 갚아야 했다. 26세에 사랑하는 약혼녀가 죽었고, 27세에는 신경 쇠약과 우울증에 시달려 병원 치료를 받았다. 28세에 주 상원의원에 낙선하고, 31세에도 미국 하원의원에 떨어졌다. 34세에 다시 출마했지만 또 낙선의 고배를 마셔야 했다. 그러나 그는 포기하지 않았다. 덕분에 37세에는 미국 하원의원으로 당선되는 기쁨을 맛보기도 했다. 그러나 39세와 46세에도 낙선했고, 47세에는 부통령으로 출마했으나 낙선했다. 49세에 다시 상원의원에 출마했으나 낙선했다. 그러다 51세에 출마하여 미국 16대 대통령이 되었다. 링컨의 삶은 실패와 좌절의 연속이었지만 누구도 그의 삶을 실패한 삶으로 기억하지 않는다.

사람들은 실패가 계속되면 좌절감과 상실감에 빠져 좌절하고 포기하지만, 링컨은 달랐다. 수많은 실패와 역경 속에서도 끝까지 도전했다. 그렇기에 사람들은 그를 패배자가 아닌 진정한 승리자로 기억한다.

링컨은 실패할 때마다 더 큰 꿈을 가졌고, 좌절할 때마다 더 높은 목표에 도전했다. 그는 하나님에 대한 믿음으로 다시 일어섰다. 이는 링컨에게만 해당되는 이야기가 아니다. 우리 역시 실패의 자리에서 다시 일어설 수 있는 것은, 죽음과 무덤을 이기신 예수님이 모든 문제에 대한 답을 주시기 때문이다.

# 1. 예수님을 통해 삶의 문제에 대한 답을 찾으라 (1-4절)

예수님은 말씀대로 십자가에 못 박혀 돌아가시고 아리마대 요셉의 무덤에 장사되었다. 예수님의 무덤 입구는 큰 돌로 막혔고, 총독의 명령 하에 로마 군인들이 철통같이 지키고 있었다. 안식일이 지나고 예수님이 돌아가신 셋째 날 아침, 막달라 마리아와 야고보의 어머니 마리아, 살로메가 주님의 몸에 향유를 바르기 위해 무덤으로 향했다. 밤에는 너무 어두워서 갈 수 없었기 때문에 일요일 새벽까지 기다렸다가 해가 돋자마자 서둘렀다. 무덤에 도착한 여인들은 놀라운 광경을 목격했다. 두 눈으로 보면서도 믿을 수 없었다. 무덤 입구를 막았던 돌이 옮겨져 있는 것 아닌가!

로마 군인들이 지키고 있는 무덤의 돌을 누가 옮겼을까? 예수님이 부활하실 때 하나님은 천사를 보내 그 돌을 옮기셨다. 여인들이 무덤에 도착했을 때는 하나님의 천사가 그 돌 위에 앉아 있었다(마 28:2). 막달라 마리아와 야고보의 어머니 마리아는 무덤으로 향하는 내내 무덤 앞을 막고 있는 큰 돌을 어떻게 옮길지 고민했다. 그러나 하나님은 그들이 오기 전에 이미 문제를 해결하셨다.

우리에게는 건강 문제, 자녀 문제, 직장 문제, 사업 문제, 관계 문제 등 여러 가지 고민이 있다. 때로는 이런 문제들과 씨름하느라 잠을 이루지 못하기도 한다. 그러나 우리보다 앞서 일하시는 하나님은 이미 모든 문제를 알 뿐 아니라 그것을 위해 일하고 계신다. 태산 같은 일들이 내 앞에 있다 하더라도 하나님은 반드시 그 문제를 해결하실 것이다.

그러면 하나님이 해결하실 것을 믿고 기다리기만 하면 될까? 여인들은 무력하게 누군가 돌을 옮겨 주기만을 기다리지 않았다. 일단 자신이 할 수 있는 것을 했다. 향료를 사다 두었다가 안식 후 첫날 해가 돋자마자 무덤으로 향했다. 그 돌을 어떻게 할지에 대한 확실한 대책은 없었지만 우선 자신들이 해야 할 일을 했다. 중요한 것은, 둘러싸인 문제로 인해 절망하며 무기력하게 있는 것이 아니라 일어나서 할 수 있는 일을 하는 것이다. 그러면서 도우심을 구하는 것이다. 나의 자리에서 성실하게 최선을 다하면서 예수님을 통해 답을 찾는다면, 문제는 해결될 것이다.

## 2. 예수님을 통해 죽음의 문제에 대한 답을 찾으라 (5-6절)

마리아가 예수님의 무덤에 도착했을 때는 입구를 가로막았던 돌이 이미 치워져 있었다. 무덤 안으로 들어가 보니 흰옷을 입은 청년이 있었다. 마가는 그 청년을 천사라고 밝히지 않았지만 옷차림으로 미루어 보아 천사임을 짐작할 수 있다. 여인들은 놀라서 어리둥절했다. 천사는 예수님이 부활하셨음을 전하며 "무서워하지 말라"라고 안심시켰다. 천사는 그들이 누구를 찾고 있는지 알았다. 그래서 "그가 살아나셨느니라"라는 계시적인 말과 함께 빈 무덤을 증거로 보여 주었다. 빈 무덤은 예수님의 몸이 어떻게 되었는지 완전히 설명해 주지 못하기 때문에, 그 의미를 해석하기 위해서는 하나님의 말씀이 필요했다. 그래서 천사는 예수님이 부활하셨다고 설명해 준 것이다.

수세기에 걸쳐 많은 사람이 예수님의 시체가 없어진 이유에 대해 다르게 설명한다. 어떤 사람들은 도난 당한 것이라 말하고, 제자들이 몰래 예수님의 시체를 가져갔다고 말하기도 한다. 여인들이 착각해서 다른 무덤에 간 것이라고 주장하는 사람도 있다. 그러나 성경은 부활 첫 아침에 천사가 여인들에게 "그가 살아나셨다"라고 말했다고 알려 준다.

우리 모두 언젠가 죽는다. 그러나 죽음이 끝은 아니다. 죽은 후 몸은 이 세상에 남지만 영은 천국에 간다. 이 세상을 떠나 고통과 사망이 없는 하나님 나라에서 영생을 누리게 된다. 예수님은 부활을 통해 죽음의 문제를 해결하셨다.

죽음도 큰 돌도 예수님을 무덤에 가두지 못했다. 결국 주님은 부활하셨다. 부활을 통해 죽음을 이기셨다. 따라서 죽음의 문제에 대한 해답은 오직 예수님 안에서 찾을 수 있다. 예수님의 부활은 죽음을 다른 관점에서 보게 해 준다. 죽음은 이 세상에서 하나님 나라로 가는 과정에 불과하다.

예수님의 부활을 믿으면 죽음이 끝이 아니라는 것을 믿을 수 있다. 이 세상을 떠나는 순간 우리는 천국에 갈 것이고, 그곳에서 부활하신 예수님을 만나고 이 세상을 먼저 떠난 가족과 친척, 친구들을 만날 것이다. 그 천국에서 완전한 기쁨과 평화를 누릴 것이다. 이 세상의 좋은 것들은 천국에서 완전해질 것이다. 이 세상은 잠깐 머무는 곳이지만 천국은 영원히 누리는 나라다. 따라서 우리는 저 하늘 나라에 소망을 두어야 한다.

### 3. 예수님을 통해 삶의 목적에 대한 답을 찾으라 (7-8절)

천사는 여인들을 제자들과 베드로에게 보내면서 예수님이 갈릴리에서 그들을 다시 만나실 것이라고 전하게 했다. '그의 제자들과 베드로에게 고하라'는 천사의 말은 베드로를 향한 예수님의 특별한 은혜를 보여 준다. 주님을 세 번이나 부인한 베드로를 특별히 지목함으로써, 그가 제자 무리에서 제외되지 않았다는 사실을 확인해 준 것이다 (막 14:66-72 참고). 예수님은 배신한 제자를 용서하고 회복시키셨다.

예수님은 그들이 다시 갈릴리에서 모일 것을 예언하셨다. 그 만남의 목적이 무엇이었을까? 갈릴리는 예수님이 많은 사역을 하신 곳이다. 아마 승천하기 전에 마지막 말씀을 주기 위해 그곳에서 제자들을 만나려고 하셨을 것이다.

천사의 말을 들은 여인들은 떨면서 도망쳤다. 이는 지극히 당연한 반응이다. 너무나 두렵고 혼란스러워서, 처음에는 누구에게도 이 소식을 말하지 못했다. 하지만 부활하신 주님을 만난 후 자신들이 본 것을 열정적으로 전했다.

예수님의 제자들은 평범한 삶을 살았던 평범한 사람들이었다. 그러나 부활한 예수님은 그들에게 새로운 목적을 주셨다. 그것은 평범하지 않은 사명이었다. "그러므로 너희는 가서 모든 민족을 제자로 삼[으라]"(마 28:19상). 예수님의 승천 후 오순절에 오신 성령님을 통해 새로운 능력을 받은 제자들은 이 사명을 멋지게 감당했다. 그들은 새로운 목적과 능력으로 새 삶을 살았다.

부활하신 예수님을 만났고, 그분으로 인해 모든 것이 변화되었다. 그들은 자신의 연약함을 잘 알았지만 능력 주시는 자 안에서 무엇이든지 할 수 있음을 믿었다. 하나님의 능력은 그들이 두려움을 이기고 복음을 증거하는 사람으로 살게 했다. 평범했던 이들이 새로운 목적으로 온 세상을 변화시키는 사람들이 되었다. 이것이 하나님이 부활을 믿는 모두에게 주시고자 하는 것이다.

왜 사는지 모르는 채 살아가는 사람들이 많다. 죽지 못해 산다고 우스갯소리처럼 말하기도 한다. 목적 없이 사는 것은 살아 내는 것이 아니라 그저 존재하는 것이다. 이런 사람들에게는 삶이 매우 피곤하고 힘들다. 재미도 의미도 없고 쉽게 짜증이 난다. 더이상 먹고 살기 위한 삶을 멈춰야 한다. 그러기 위해서는 분명한 부르심과 목적이 필요하다. 예수님은 "도둑이 오는 것은 도둑질하고 죽이고 멸망시키려는 것뿐이요 내가 온 것은 양으로 생명을 얻게 하고 더 풍성히 얻게 하려는 것이라"라고 말씀하셨다(요 10:10). 예수님은 우리에게 풍성한 삶을 주기 위해 오셨다. 그것을 위해 십자가에서 죽었다가 부활하셨다. 우리는 그 엄청난 선물을 받은 자들이다. 따라서 예수님을 통해 삶에 대한 해답을 찾고 그 의미와 풍성함을 누릴 수 있어야 한다.

---

마가복음의 절정은 예수님의 부활이다. 부활이 없다면, 예수님의 삶과 죽음은 고귀하고 감탄할 만한 것이긴 하지만 지극히 비극적

이다. 그러나 예수님의 부활은 그분이 하나님의 아들이심을 선포하고, 제자들이 무기력하고 패배한 실패자에서 사도행전의 불타는 증인들로 변화된 것을 설명해 준다. 부활의 좋은 소식은 예수님이 죄와 사망과 지옥을 이기셨다는 것이며, 이것이 바로 복음의 핵심 메시지다. 부활은 오래 전 사건이 아닌 그 이상의 의미가 있다. 예수님의 부활은 2천 년 전 사건이지만, 그분을 영접했다면 부활의 기적은 오늘 우리의 삶 속에서 일어날 수 있다. 예수님은 지금 내 삶의 문제, 죽음의 문제, 그리고 삶의 목적에 대한 해답을 주실 수 있다.

실패했다고 주저앉지 말자. 링컨처럼 다시 일어나 새롭게 시작하자. 모든 것의 해답이 되시는 예수님 안에서, 넘어지더라도 꺾이지 않는 승리의 삶을 누리자.

# 6장
# 종려 주일 이야기

누가복음 19:28-44

28 예수께서 이 말씀을 하시고 예루살렘을 향하여 앞서서 가시더라

29 감람원이라 불리는 산쪽에 있는 벳바게와 베다니에 가까이 가셨을 때에
제자 중 둘을 보내시며

30 이르시되 너희는 맞은편 마을로 가라 그리로 들어가면 아직 아무도 타
보지 않은 나귀 새끼가 매여 있는 것을 보리니 풀어 끌고 오라

31 만일 누가 너희에게 어찌하여 푸느냐 묻거든 말하기를 주가 쓰시겠다 하
라 하시매

32 보내심을 받은 자들이 가서 그 말씀하신 대로 만난지라

33 나귀 새끼를 풀 때에 그 임자들이 이르되 어찌하여 나귀 새끼를 푸느냐

34 대답하되 주께서 쓰시겠다 하고

35 그것을 예수께로 끌고 와서 자기들의 겉옷을 나귀 새끼 위에 걸쳐 놓고
예수를 태우니

36 가실 때에 그들이 자기의 겉옷을 길에 펴더라

37 이미 감람 산 내리막길에 가까이 오시매 제자의 온 무리가 자기들이 본
바 모든 능한 일로 인하여 기뻐하며 큰 소리로 하나님을 찬양하여

38 이르되 찬송하리로다 주의 이름으로 오시는 왕이여 하늘에는 평화요

가장 높은 곳에는 영광이로다 하니

39 무리 중 어떤 바리새인들이 말하되 선생이여 당신의 제자들을 책망하소
   서 하거늘

40 대답하여 이르시되 내가 너희에게 말하노니 만일 이 사람들이 침묵하면
   돌들이 소리 지르리라 하시니라

41 가까이 오사 성을 보시고 우시며

42 이르시되 너도 오늘 평화에 관한 일을 알았더라면 좋을 뻔하였거니와 지
   금 네 눈에 숨겨졌도다

43 날이 이를지라 네 원수들이 토둔을 쌓고 너를 둘러 사면으로 가두고

44 또 너와 및 그 가운데 있는 네 자식들을 땅에 메어치며 돌 하나도 돌 위
   에 남기지 아니하리니 이는 네가 보살핌 받는 날을 알지 못함을 인함이
   니라 하시니라

필자는 중학생 때부터 교회에 나가기 시작했다. 믿음이 있어서라 기보다는 여자 친구들을 만나기 위해 다니지 않았나 싶다. 당시 예배 시간에 헌금을 드릴 때마다 부르는 찬양이 있었다. '내게 있는 모든 것을'이라는 곡이었는데, 그때는 가사의 의미도 모르고 따라 불렀던 것 같다.

> 내게 있는 모든 것을 아낌없이 드리네
> 사랑하고 의지하며 주만 따라 살리라
> 주께 드리네
> 주께 드리네
> 사랑하는 구주 앞에 모두 드리네

뜻도 모르고 불렀던 찬양대로 주만 따르며 사는 목회자가 되어 있다는 사실이 새삼 놀랍다. 찬양을 하지만 가사의 의미를 생각하지 않고 습관처럼 따라 부를 때가 있다. 2천 년 전 예수님을 따르던 사람들도 그랬다.

예수님이 나귀를 타고 예루살렘에 들어가실 때 많은 사람이 나와 "호산나! 호산나!" 하고 외치며 주님을 찬양했다. 그들은 "찬송하리로다 주의 이름으로 오시는 왕이여 하늘에는 평화요 가장 높은 곳에는 영광이로다"라고 큰 소리로 찬양했지만, 정작 자신들의 고백이 어떤 의미인지 몰랐다. 또한 예수님이 왜 예루살렘에 오시는지, 무슨 일을 하실지 알지 못했다. 그렇기에 "호산나!"라는 찬양은 얼마 뒤 "십자가에 못 박아라!"라는 저주로 바뀌었다.

우리는 진정으로 예수님을 따르고 있는가? 예수님을 진심으로 사랑하면서 따르는지 알기 위해서는 말이 아닌 삶을 살펴야 한다. 정말 예수님의 제자라면 그분을 닮은 모습이 삶 가운데 드러날 것이기 때문이다.

## 1. 순종의 본을 따르라 (28절)

예수님은 사람들에게 주목받기를 원하지도, 자신이 행한 일을 드러내지도 않으셨다. 사람들의 주목을 피하던 예수님이 예루살렘을 향해 앞장서 가셨다. 예루살렘 입성에 대한 거창한 계획을 세우신 것도 아니었고, 사람들이 자신을 알아 주기를 바라지도 않으셨다. 하지만 예수님은 이제 이 땅에 온 목적을 이룰 때가 왔다는 사실을 아셨다.

예루살렘에 입성하신 때로부터 5일 후면 유월절이었다. 유월절은 이스라엘이 애굽의 노예 생활에서 해방된 것을 기념하는 날이다. 이스라엘이 노예 생활로부터 자유를 얻기까지 애굽에 열 가지 재앙이 임했다. 그중 열 번째 재앙은 처음 난 모든 것이 죽임을 당하는 재앙으로, 애굽에 있는 모든 장자가 죽었다. 그러나 하나님의 말씀대로 양을 잡아서 그 피를 문설주에 바른 집은 죽음을 면할 수 있었다.

이 사건은 장차 인간을 구원하기 위해 돌아가실 유월절 어린 양을 상징한다. 어린 양의 죽음을 통해 모든 인간은 죄와 죽음에서 해방되었다. 예수님은 자신이 유월절 어린 양으로 모든 죄를 대속하기 위해 죽음을 맞을 때가 왔음을 아셨다. 그래서 성부 하나님의 뜻에 순종하여 예루살렘으로 향하셨다. 모든 사람에게 그분이 할 일을 알리기 위해 앞장서 가셨다.

예수님은 십자가 고통을 모르지 않았다. 그 길이 얼마나 괴로울지 충분히 아셨다. 겟세마네 동산에서 기도하신 것처럼, 다른 길이 있다면 피하고 싶었다. 하지만 성부 하나님의 뜻대로 그 길을 가셨다.

예수님을 진정으로 따르는 제자들은 하나님께 순종한다. 그분의 뜻은 항상 선하고 기쁘고 온전하다는 것을 믿기 때문에 자신이 원하는 것과 상관없이 순종할 수 있다.

하나님의 뜻을 다 알지 못할 수도 있고 이해가 되지 않을 때도 있다. 그러나 이해되지 않는 고통과 어려움을 만난다고 해서 하나님의 계획이 없는 것은 아니다. 하나님은 분명히 우리를 향한 선한 계획을 갖고 계시며, 가장 좋은 길로 인도하실 것이다. 따라서 당장 하나님의 뜻을 이해하지 못하더라도 그분에 대한 믿음으로 순종의 걸음을 떼어야 한다.

당시 예수님을 따르던 제자들은 하나님의 뜻을 전혀 이해하지 못했다. 이들이 예수님을 따라다닌 이유는 그분이 이스라엘 왕이 되었을 때 높은 자리를 차지하기 위해서였다. 그런데 예상치 못하게 예수님이 십자가에서 돌아가시자 모두 흩어져 도망쳤다. 제자들은 하나님의 뜻을 이해하고 순종한 것이 아니라 자신들의 계획과 계산으로 예수님을 따랐던 것이다.

예수님을 진정으로 사랑하고 믿는 제자라면 그분이 보이신 순종의 본을 따라야 한다. 다 알지 못해도 온전히 이해할 수 없어도, 그분에 대한 사랑과 믿음으로 그 길을 가야 한다.

## 2. 겸손의 본을 따르라 (29-40절)

예수님은 예루살렘에 입성할 때 말이 아닌 나귀를 타고 가셨다. 무슨 이유였을까? 보통 군인은 말을 타고 전쟁터에 간다. 나귀는 전쟁터에서 쓰이는 짐승이 아닐 뿐 아니라 오히려 평화를 상징한다. 이 사실은 매우 중요하다. 당시 사람들은 예수님이 자신들의 구원자가 되어 로마의 압제에서 해방시켜 주실 것이라고 생각했다. 그래서 승리를 상징하는 종려나무 가지를 들고 나와 예수님을 영접했다. 그러나 예수님은 평화의 상징인 나귀를 타고 입성하셨다. 예수님의 계획과 이들의 생각은 완전히 달랐다.

예수님이 태어나셨을 때, 천사들은 "지극히 높은 곳에서는 하나님께 영광이요 땅에서는 하나님이 기뻐하신 사람들 중에 평화로다"라고 찬송했다(눅 2:14). 예수님이 예루살렘에 들어서실 때, 사람들은 "주의 이름으로 오시는 왕이여 하늘에는 평화요 가장 높은 곳에는 영광이로다"라고 소리 높였다. 앞서 천사들이 했던 찬양과 비슷하다. 이들은 예수님이 로마를 멸망시키고 자신들을 로마의 치하에서 구원함으로써 마침내 평화를 주시리라 기대했다. 하지만 예수님은 나귀를 타고 입성하면서, 전쟁을 이끄는 장군이 아닌 평화의 왕으로 오셨음을 상징적으로 나타내셨다. 다른 사람을 제압하여 군림하는 모습이 아닌 스스로를 낮추고 약한 자를 섬기는 겸손의 본을 보이신 것이다.

당시 바리새인은 사람들을 섬기기보다는 섬김을 받기 원했다. 이들은 다른 사람에게 보여 주기 위한 위선적 신앙 행위를 하며 스스로를 대단히 여겼다. 그리고 다른 사람도 자신을 그렇게 생각하고 칭찬해 주기를 바랐다. 예수님은 정반대였다. 섬김을 받기보다 섬기셨다. 스스로를 낮추셨으며, 사람들에게 드러나는 것을 원치 않으셨다. 우리는 어떤 모습과 가까운가? 예수님의 제자라면 그분의 본을 따라야 한다. 교회에서 중직을 맡으면 때로 그 자리를 벼슬로 여기고 섬김을 받고 싶은 유혹에 빠질 수 있다. 그러나 예수님을 닮은 중직자라면 겸손과 섬김의 모습을 보여야 한다.

이는 가정에서도 적용된다. 자녀는 부모와 형제를, 부모는 자녀를, 아내는 남편을, 남편은 아내를 겸손히 섬겨야 한다. 직장에서도 마찬가지다. 상사라고 해서 아랫사람을 함부로 대해서는 안 된다. 예수님을 닮은 리더는 군림하고 장악하는 리더가 아닌 섬기고 포용하는 리더이다. 진정한 제자는 겸손과 섬김을 훈련하면서 매일매일 조금씩 예수님을 닮아간다.

### 3. 사랑의 본을 따르라 (41-44절)

예루살렘에 도착한 예수님은 성을 보고 우셨다. 그저 조금 눈물을 흘린 정도가 아니라 통곡하셨다. 예수님의 통곡은 사람들의 환호와 대조된다. 왜 우셨을까? 그들을 사랑하셨기 때문이다.

예수님은 사역하는 내내 구약 말씀을 인용하며 자신이 메시아임을 증거하셨다. 병자를 고치시고, 귀신을 내쫓으시며, 죽은 자를 살리셨다. 이적과 기적을 행하며 권위를 증명하셨지만, 사람들은 예수님이 하나님의 아들임을 믿지 않았다. 믿지 못하는 그들에게 미칠 화를 주님은 미리 아셨다.

예수님은 믿지 않는 이스라엘을 책망하며 그들이 로마로 인해 멸망할 것이라고 말씀하셨다. 예수님의 이 예언은 주후 70년에 이루어졌다. 성전이 무너지고, 많은 사람이 죽었으며, 살아남은 자들은 노예가 되어 잡혀갔다. 이스라엘 백성을 목숨보다 아끼고 사랑한 예수님은 이 모든 일이 일어날 것을 알았기 때문에 통곡하셨다. 예수님은 자신을 버린 사람들을 위해 우셨다. 제자들은 이런 예수님의 사랑을 이해하지도 본받지도 못했다.

51 예수께서 승천하실 기약이 차가매 예루살렘을 향하여 올라가기로 굳게 결심하시고  52 사자들을 앞서 보내시매 그들이 가서 예수를 위하여 준비하려고 사마리아인의 한 마을에 들어갔더니  53 예수께서 예루살렘을 향하여 가시기 때문에 그들이 받아들이지 아니 하는지라  54 제자 야고보와 요한이 이를 보고 이르되 주여 우리가 불을 명하여 하늘로부터 내려 저들을 멸하라 하기를 원하시나이까  55 예수께서 돌아보시며 꾸짖으시고  56 함께 다른 마을로 가시니라  (눅 9:51-56)

예수님은 십자가에서 죽음을 맞기 위해 예루살렘으로 가고 계셨다. 중간에 사마리아의 한 마을에 들어가셨는데 그곳 사람들이 예수님을 받아들이지 않았다. 화가 난 야고보와 요한은 하늘로부터 불을 내려 그들을 다 멸하자고 제안했다. 야고보와 요한은 예수님을 따랐지만 예수님을 전혀 닮지 않았다. 그들에게는 예수님을 닮은 사랑이 없었다. 예수님의 제자라면 예수님처럼 사랑해야 한다(요 13:34-35). 그 사랑이 예수님의 제자임을 증명할 것이다.

다른 사람을 사랑하는 것은 쉽지 않다. 생각이 맞지 않는 사람을 포용하는 것은 어려운 도전이고, 나에게 상처 준 사람을 용서하기보다는 차라리 외면하는 게 편하다. 사랑하기 힘든 이유는 수십 가지가 넘고 미워지는 사람이 너무도 많다. 하지만 그럼에도 예수님은 사랑하라고 말씀하신다. 그 어려운 길을 직접 보여 주셨다. 예수님을 사랑한다고 하면서 주변 사람들을 사랑하지 않는 것은 예수님을 사랑하지 않는다는 증거이다. 마찬가지로 예수님의 제자라고 하면서 사랑을 보이지 않는다면, 그는 사실 예수님을 따르지 않는 것이다(요일 4:20).

---

예수님을 따르는 것은 단순한 신앙 행위가 아니다. 예수님을 진정으로 따르는 제자는 삶에서 구체적으로 그분의 본을 따라야 한다. 나의 삶에 예수님의 순종과 겸손, 사랑의 흔적이 있는가? 말뿐인 신앙은 아무 능력이 없다. 아무리 뜨겁게 찬양하고 기도한다 해도

삶이 예수님을 닮지 않았다면 그 사람은 가짜 그리스도인이다. 쉽지 않아도, 계속 실패하고 넘어져도, 예수님이 보여 주신 그 삶을 포기하기 말자. 예수님을 따라 하루하루 몸부림치다 보면 어느덧 그분을 닮아 있는 자신을 발견할 것이고, 주님은 그런 사람을 진짜 제자로 인정해 주실 것이다.

# 7장
# 성금요일 이야기

누가복음 23:27-43

27  또 백성과 및 그를 위하여 가슴을 치며 슬피 우는 여자의 큰 무리가 따라
    오는지라

28  예수께서 돌이켜 그들을 향하여 이르시되 예루살렘의 딸들아 나를 위하
    여 울지 말고 너희와 너희 자녀를 위하여 울라

29  보라 날이 이르면 사람이 말하기를 잉태하지 못하는 이와 해산하지 못한
    배와 먹이지 못한 젖이 복이 있다 하리라

30  그 때에 사람이 산들을 대하여 우리 위에 무너지라 하며 작은 산들을 대
    하여 우리를 덮으라 하리라

31  푸른 나무에도 이같이 하거든 마른 나무에는 어떻게 되리요 하시니라

32  또 다른 두 행악자도 사형을 받게 되어 예수와 함께 끌려 가니라

33  해골이라 하는 곳에 이르러 거기서 예수를 십자가에 못 박고 두 행악자
    도 그렇게 하니 하나는 우편에, 하나는 좌편에 있더라

34  이에 예수께서 이르시되 아버지 저들을 사하여 주옵소서 자기들이 하는
    것을 알지 못함이니이다 하시더라 그들이 그의 옷을 나눠 제비 뽑을새

35  백성은 서서 구경하는데 관리들은 비웃어 이르되 저가 남을 구원하였으
    니 만일 하나님이 택하신 자 그리스도이면 자신도 구원할지어다 하고

36 군인들도 희롱하면서 나아와 신 포도주를 주며

37 이르되 네가 만일 유대인의 왕이면 네가 너를 구원하라 하더라

38 그의 위에 이는 유대인의 왕이라 쓴 패가 있더라

39 달린 행악자 중 하나는 비방하여 이르되 네가 그리스도가 아니냐 너와
   우리를 구원하라 하되

40 하나는 그 사람을 꾸짖어 이르되 네가 동일한 정죄를 받고서도 하나님
   을 두려워하지 아니하느냐

41 우리는 우리가 행한 일에 상당한 보응을 받는 것이니 이에 당연하거니와
   이 사람이 행한 것은 옳지 않은 것이 없느니라 하고

42 이르되 예수여 당신의 나라에 임하실 때에 나를 기억하소서 하니

43 예수께서 이르시되 내가 진실로 네게 이르노니 오늘 네가 나와 함께 낙
   원에 있으리라 하시니라

그리스도인은 매년 성금요일을 기념한다. 'Good Friday'라고도 불리는 성금요일은 예수님이 십자가에서 고통 중에 돌아가신 것을 기념하는 날이다. 왜 부활하신 날이 아닌 돌아가신 날을 Good Friday라고 부를까? 예수님의 죽음이 있었기에 부활이 있기 때문이다. 그렇다면 성금요일을 어떻게 기념해야 할까?

금식으로 기념하기도 하고, 고기 대신 생선을 먹으면서 기념하기도 한다. 성찬에 참여하면서 기념할 수도 있다. 그러나 성금요일을 제대로 기념하기 위해서는 새로운 관점이 필요하다. 어떤 관점으로 보는가에 따라 대상이 다르게 인식될 수 있다. 예수님의 죽음과 부활에 관해서는 더욱 그렇다. 예수님의 죽음과 부활은 삶의 모든 것에 대한 관점을 제공하는 세계관의 기초이기 때문이다. 따라서 성금요일을 바르게 기념하기 위해서는 보이는 것 너머를 보는 연습이 필요하다.

### 1. 환경 너머를 보라 (27-31절)

예수님이 십자가를 지실 때 많은 사람이 그분을 따랐다. 그중에는 큰 무리의 여자도 있었다. 이들은 예수님에게 아무 죄가 없다는 사실을 알았다. 따라서 주님이 왜 십자가형을 받아야 하는지 도무지 이해할 수 없었다.

구약 성경에는 하나님이 모든 인간의 죄를 대속하기 위해 메시아를 보내실 것이라는 예언이 이어진다. 그러나 사람들은 하나님의 계획을 알지 못했고 따라서 예수님이 처하신 상황을 이해할 수 없었다. 그저 예수님을 위해 슬퍼하며 통곡할 뿐이었다.

만약 이들이 예수님이 자신들을 구원하기 위해 돌아가신다는 것을 알았다면 어떻게 반응했을까? 예수님이 사흘 만에 부활하실 것을 알았다면 어떻게 했을까? 예수님의 십자가를 바라보며 슬퍼하고 통곡하는 것이 아니라, 하나님의 뜻이 이루어지는 과정을 잠잠히 바라보지 않았을까? 믿음으로 혹은 간절함으로 예수님의 부활을 기다리지 않았을까? 그러나 이들은 육신의 형편밖에 볼 수 없었기 때문에 소망 없이 애통하며 통곡했다.

우리도 이들과 마찬가지로 당장 주어진 환경에 낙심하고 슬퍼할 때가 많다. 도무지 방법이 없는 것 같은 상황들로 인해 근심하고 두려워한다. 나의 문제가 너무 크게 느껴져 무한히 크신 하나님이 작게 보일 때가 있다. 하지만 우리가 바라보아야 할 것은 문제가 아닌 하나님의 계획이다. 육의 눈이 아닌 영의 눈으로 물리적 환경 너머에 있는 하나님의 크고 온전한 계획을 바라보아야 한다.

우리가 알거니와 하나님을 사랑하는 자 곧 그의 뜻대로 부르심을 입은 자들에게는 모든 것이 합력하여 선을 이루느니라 (롬 8:28)

가끔씩 이해할 수 없는 일들이 일어나곤 한다. 나의 생각으로는 도저히 납득할 수 없는 상황 속에 버려진 것처럼 생각될 때도 있다. 하지만 어떤 상황 속에서도 하나님의 선하고 온전한 뜻을 믿어야 한다. 예수님을 구세주로 고백하는 믿음뿐 아니라, 하나님은 그분을 사랑하는 자 곧 그의 뜻대로 부르심을 입은 자들에게 선을 이루실 것이라는 믿음을 가져야 한다. 이런 믿음을 가진 자만이 현재 처한 환경 너머를 볼 수 있다.

## 2. 물질 너머를 보라 (32-34절)

십자가 위에서, 예수님은 자신을 조롱하면서 채찍질하는 사람들을 위해 기도하셨다. "아버지 저들을 사하여 주옵소서 자기들이 하는 것을 알지 못함이니이다." 예수님이 기도하실 때, 채찍질하던 군인들은 제비를 뽑아 그분의 옷을 나누고 있었다. 이들은 예수님이 누구인지에 대해서는 관심 없었다. 옷을 나누느라 정말 중요한 것을 놓치고 있었다.

이 시대의 사람들 역시 마찬가지다. 예수님의 죽음과 부활에는 관심이 없고 세상적인 것에 몰두한다. 영적인 일이 아닌 썩어서 없어질 물질에 더 많은 관심을 둔다. 그러나 성금요일을 제대로 기념하기 위해서는 물질 너머를 보는 법을 배워야 한다. 물질이 영원하지 않다는 것을 계속 기억해야 한다. 물질은 당장 내 손에 들어와 있는 것 같아도 정말 나의 것이 아니며 우리 영혼에 의미와 가치를 더할 수 없다. 지금 나의 관심사는 무엇인가? 사람들은 대개 어떤 집에서 살고, 어떤 자동차를 타며, 어떤 옷을 입는지에 관심을 둔다. 비싼 동네에서 살고, 고급 자동차를 타며, 명품 옷과 가방을 사는 데 물질을 투자한다. 물질에 관심을 두는 것이 무조건 잘못은 아니지만 물질이 전부인 것처럼 사는 것은 매우 위험하다.

어떤 그리스도인들은 이렇게 말한다. "나는 결코 돈을 사랑하지 않아. 돈을 위해 산다는 건 정말 어리석은 일이지." 하지만 그들이 평소에 어떻게 돈을 쓰는지, 어디에 관심을 두는지 살펴보면 그 말이 사실인지 아닌지 알 수 있다. 지금 당장 옷장 문을 열어서 옷이 얼마나 있는지 세어 보라. 몇 년 동안 입지 않은 옷들이 쌓여 있을지 모른다. 평생 입어도 남을 옷이 있는데 계속 새것을 산다. 이는 우리가 물질 이상의 것을 보지 못하고 있다는 증거이다. 입지도 않을 것을 쌓아 두지 말고 의미 있는 곳에 기부해 보라. 가진 것들을 다른 사람을 사랑하는 데 과감하게 써 보라. 큰 의미와 가치를 발견할 것이다.

또한 카드 내역서를 점검하면서 내가 돈을 어디에 쓰고 있는지 살펴보라. 그러면 먹을 것과 입을 것을 위해 생각보다 많이 지출하고 있음을 알게 될 것이다. 물론 먹고 마시고 입는 것은 우리 생활에 필수적인 부분이다. 하지만 그 자체가 초점이 되어서는 안 된다.

어떤 사람이 죽었다. 소박한 삶을 살고 있다고 나름 자부했던 사람이다. 자녀들이 유품을 기부하기 위해 정리하는데 꺼내고 꺼내도 물건들이 끝없이 나왔다. 트럭을 빌려서 몇 번을 오갔다. 결국 기부 받는 곳에서 며칠 동안은 받은 것들을 정리해야 하니 당분간 가져오지 말라고 부탁했다고 한다. 물질을 위해 살지 않는다고 말하면서 본인도 모르게 물질에 파묻혀 살 수 있다.

물질은 어떤 의미를 위해 사용하는 것이지 그 자체가 사랑의 대상이 되어서는 안 된다. 물질을 사랑하는 것은 물질 너머를 보지 못한다는 증거이다. 물질 너머를 보기 위해서는 우선 가진 것들을 간소화해야 한다.

## 3. 이 세상 너머를 보라 (39-43절)

예수님이 십자가에 못 박히실 때 양 옆에 죄수 두 명이 있었다. 한 사람은 "네가 그리스도가 아니냐 너 자신과 우리를 구원하라"며 예수님을 모욕했다. 육의 사람은 보이는 것이 세상 전부라 믿으며 산다. 이 죄수 역시 보이는 것 너머의 영적 의미를 알지 못했기 때문에 주님을 비방했다. 반면 예수님과 함께 죽어가던 다른 죄수는 예수님을 모욕하는 죄수를 꾸짖었다. 그는 예수님이 자신들과 다르다는 것을 알았다. 예수님은 죄인이 아니라는 것을 깨닫고는 삶의 마지막 순간에 주님을 믿었다. 그러면서 "예수여 당신의 나라에 임하실 때에 나를 기억하소서"라고 부탁했고, 예수님은 "오늘 네가 나와 함께 낙원에 있으리라"라고 약속하셨다.

두 사람 모두 자신이 곧 죽으리라는 것을 알았다. 그러나 한 사람은 이 세상이 끝이 아님을 알고 그 너머를 보았지만, 다른 한 사람은 이 세상이 끝이라 생각했고 따라서 세상 너머를 볼 수 없었다.

한 소녀의 아빠가 돌아가셨다. 아빠가 어디로 가셨는지 묻자 엄마는 "아빠는 예수님과 함께 있기 위해 천국에 가셨어"라고 답해 주었다. 며칠 후 소녀는 엄마가 친구에게 남편 잃은 슬픔에 대해 이야기하는 것을 들었다. 얼마 뒤 엄마에게 뜬금없이 이렇게 물었다. "엄마, 물건이 어디에 있는지 알면서도 잃어버렸다고 말하나요?" "아니, 그렇게 말하지 않지." 그러자 아이가 말했다. "그럼 아빠가 예수님과 함께 천국에 계시는데 어떻게 잃어버렸다고 말할 수 있나요?" 이 세상 너머를 보는 법을 배우면, 지금 일어나고 있는 일들에 대해 전혀 다른 관점을 갖게 된다.

이 세상이 끝이라고 생각하는 사람은 이 세상에만 관심을 둔다. 그러나 영생이 있음을 믿는 사람의 관심은 이 땅이 아닌 하늘 나라에 있다. 우리가 이 세상을 떠나면 천국에서 예수님과 함께 거한다. 죽음은 천국으로 가는 문에 불과하다. 살다 보면 사랑하는 사람을 먼저 천국에 보내야 하는 때가 있다. 이 땅에서의 작별은 아쉽지만, 언젠가 천국에서 다시 만날 것이다. 세상 너머를 보고 믿는 사람은 세상이 알지 못하는 소망 속에서 살 수 있다.

―――――

예수님이 고통 가운데 십자가에서 돌아가신 날을 성금요일이라 부른다. 예수님은 모든 인간의 죄값을 치르기 위해 돌아가셨다. 따라서 성금요일은 우리에게 Good Friday다. 이는 세상이 알지 못하는 시선이고 믿음이다. 이 믿음을 품은 사람은 당장의 환경과 반짝이는 물질, 유한한 세상에 집착하지 않는다. 변치 않는 영원한 가치를 지닌 그 너머의 약속을 바라보고 기대한다. 성경은 세상이 이런 사람을 감당하지 못한다고 말한다. 보이지 않는 약속에 대한 믿음으로, 세상에 휘둘리는 사람이 아닌 세상을 이기는 삶을 살아 내는 그리스도인이 되자.

# 8장
# 두 죄수 이야기

누가복음 23:32-43

32  또 다른 두 행악자도 사형을 받게 되어 예수와 함께 끌려 가니라

33  해골이라 하는 곳에 이르러 거기서 예수를 십자가에 못 박고 두 행악자
    도 그렇게 하니 하나는 우편에, 하나는 좌편에 있더라

34  이에 예수께서 이르시되 아버지 저들을 사하여 주옵소서 자기들이 하는
    것을 알지 못함이니이다 하시더라 그들이 그의 옷을 나눠 제비 뽑을새

35  백성은 서서 구경하는데 관리들은 비웃어 이르되 저가 남을 구원하였으
    니 만일 하나님이 택하신 자 그리스도이면 자신도 구원할지어다 하고

36  군인들도 희롱하면서 나아와 신 포도주를 주며

37  이르되 네가 만일 유대인의 왕이면 네가 너를 구원하라 하더라

38  그의 위에 이는 유대인의 왕이라 쓴 패가 있더라

39  달린 행악자 중 하나는 비방하여 이르되 네가 그리스도가 아니냐 너와
    우리를 구원하라 하되

40  하나는 그 사람을 꾸짖어 이르되 네가 동일한 정죄를 받고서도 하나님
    을 두려워하지 아니하느냐

41  우리는 우리가 행한 일에 상당한 보응을 받는 것이니 이에 당연하거니와
    이 사람이 행한 것은 옳지 않은 것이 없느니라 하고

42 이르되 예수여 당신의 나라에 임하실 때에 나를 기억하소서 하니

43 예수께서 이르시되 내가 진실로 네게 이르노니 오늘 네가 나와 함께 낙

원에 있으리라 하시니라

사람마다 경험하는 하나님이 다를 수 있다. 그리고 각자가 경험한 대로 하나님을 관념화한다. 누군가에게는 하나님이 한없는 사랑과 은혜를 베푸는 분이지만, 어떤 사람에게 하나님은 죄를 심판하는 엄격한 분이기도 하다. 이처럼 하나님을 정의하고 관념화하는 데 차이가 있지만, 중요한 것은 하나님의 성품은 동일하다는 사실이다. 때로 우리는 자신이 경험한 것에 따라 하나님을 오해하기도 한다. 일이 가로막히거나 무언가에 실패할 때 그 좌절감이 하나님에 대한 실망으로 이어지기도 한다. 오랜 시간 노력했지만 꿈이 이루어지지 않을 때, 어려운 일들이 계속해서 들이닥칠 때 하나님을 원망할 수 있다. 나만 빼고 모든 사람이 승승장구하는 것처럼 보일 때 하나님에 대한 서운함이 생기기도 한다. 나아가 하나님의 존재 여부를 삶의 경험과 동일시하려 한다. 이것이 바로 예수님이 십자가에 달려 돌아가실 때 옆에 있었던 두 죄수가 보인 반응이다.

두 죄수의 이름과 나이, 이들의 범죄에 대해서는 성경에 구체적으로 기록되지 않았다. 확실히 알 수 있는 것은 이들이 범죄자라는 것과 그 죄로 인해 죽게 되었다는 사실이다. 로마 감옥에 갇혔다가 이제 곧 십자가형을 받게 될 두 죄수는 가족과 친구 그리고 하나님으로부터 버림받았다고 느꼈을 것이다. 이들은 아무 소망도 없이 자포자기 상태로 죽음만을 기다리고 있었다. 우리도 이와 비슷한 절망에 빠질 때가 있다. 이럴 때 어떻게 해야 하는가?

## 1. 하나님을 탓하지 말라 (34-39절)

예수님이 십자가에 못 박혀 돌아가실 때 양 옆에 죄수 두 명이 있었다. 이들은 다른 사람처럼 예수님을 모욕했다. 많은 조롱과 멸시를 받으면서도 예수님은 "아버지 저들을 사하여 주옵소서 자기들이 하는 것을 알지 못함이나이다"라고 기도하셨다. 자신을 핍박하는 이들을 위해 용서의 기도를 드리신 것이다.

많은 사람이 예수님을 비웃었다. 십자가 처형을 바라보던 무리가 비웃었고, 예수님을 채찍질하던 군인들도 비웃었다. 예수님의 좌우편에 매달린 죄수도 마찬가지였다. '하나님의 아들이라면서 왜 여기에 매달려 있지?', '하나님이 있다면 왜 도와주지 않는 거지?' 이렇게 생각하면서 하나님을 부정했다. 그러나 이들이 하나님의 존재를 의심할 때 하나님은 그들 바로 옆에 계셨다.

신앙생활을 하다 보면, 어떤 때는 하나님이 가깝게 느껴지기도 하고 또 어떤 때는 멀게 느껴지기도 한다. 그러나 우리의 느낌과 상관없이 하나님은 언제나 우리와 함께하신다. 두 죄수는 하나님을 원망했다. 하나님의 잘못이 아닌 자신의 죄로 인해 벌을 받고 있었지만, 마치 하나님 때문에 십자가에서 죽는 것처럼 그분을 원망했다.

삶에서 당하는 고난과 어려움, 실패에 대해 하나님을 탓하는 이들이 있다. 자신의 게으름과 탐욕 때문에 실패했으면서 마치 하나님의 잘못인 것처럼 원망한다. 말씀에 불순종한 결과로 어려움을 겪고 있는데도 하나님을 탓한다. 원망은 쉽다. 하지만 고통은 하나님 탓이 아니다. 고통의 한가운데에 있다면 고개를 들어 하나님의 선하심에 시선을 맞추고 그분을 끝까지 믿어야 한다. 그것이 지혜이며 능력이다.

## 2. 내가 죄인임을 인정하라 (40-41절)

십자가에 달린 죄수 중 한 사람은 자신을 조롱하는 이들을 위해 용서를 구하시는 예수님의 기도를 듣고, 그분이 정말 하나님의 아들이심을 믿었다. 예수님이 사람들의 죄를 용서하기 위해 오신 메시아라는 사실을 깨달은 것이다. 이 죄수는 지금 당한 형벌이 자신의 죄 때문임을 인정하면서, 예수님은 자신과 달리 죄가 없는 분임을 고백했다. 그러나 다른 죄수는 자신의 죄를 깨닫지 못한 채 끝까지 예수님을 조롱했다.

죄가 무엇인지 이해하지 못하는 사람은 자신이 죄인이라는 사실을 인정하지 않는다. 완벽하게 선한 삶을 살아왔다고 자부할 수는 없지만, 적어도 다른 사람에게 피해를 주며 살지는 않았다고 확신하기 때문이다. 따라서 자신은 예수님의 죽음과 아무 상관 없다고 생각한다. 교회를 다니지만 진리를 제대로 모르는 성도 역시 다른 사람을 보며 자신은 적어도 저 사람보다는 선하다고 생각할 수 있다. 그러나 평생 착하고 바르게 살았다 하더라도 우리는 모두 하나님 앞에서 죄인일 뿐이다. 모든 사람은 아담과 하와가 선악과를 따먹은 이후 죄성을 가지고 태어났다. 그리고 그 영향으로 평생 죄 가운데 살아간다. 완전한 분은 예수님뿐이며, 예수님은 모든 사람이 그분처럼 온전하기를 원하신다(마 5:48).

예수님을 십자가에 못 박은 것은 로마 군사나 군중이 아니라 바로 우리 자신이다. 예수님은 다른 누군가가 아니라 나의 죄 때문에 십자가를 지셨다. 내 안에 있는 죄에 대한 처절한 고백이 하나님을 알아가는 첫걸음이다.

## 3. 하나님께 용서를 구하라 (42-43절)

예수님이 하나님의 아들임을 깨달은 죄수는 용기를 내서 용서의 자비를 구했다. 예수님은 오늘 네가 나와 함께 낙원에 있을 것이라고 약속해 주셨다. 놀랍지 않은가? 이 죄수는 생애 마지막 순간에 구원을 얻었다. 그에게 영생이 주어진 것은 그가 무엇을 해서가 아니고 예수님이 이루신 일 때문이다. 그는 단지 예수님이 죄값을 대신 갚아 주기 위해 십자가에 달리신 것을 믿었기 때문에 영생을 선물로 받은 것이다.

예수님과 함께 십자가에서 죽은 두 죄수의 다른 점은 용서를 구한 것과 그렇지 않은 것뿐이다. 두 사람은 예수님의 양 옆 똑같은 거리에 있었지만, 한 명은 구원받고 다른 한 명은 구원받지 못했다.

어떤 사람은 예수님의 죽음은 자신과 아무 상관이 없다고 말한다. 예수님을 직접 죽인 것도 아니며, 무엇보다 자신은 죄인이 아니기 때문에 용서가 필요 없다고 주장한다. 그러나 성경은 이렇게 말한다. "그런즉 한 범죄로 많은 사람이 정죄에 이른 것 같이 한 의로운 행위로 말미암아 많은 사람이 의롭다 하심을 받아 생명에 이르렀느니라"(롬 5:18).

아담 한 사람의 죄로 모든 사람이 정죄를 받았다. 그래서 모든 사람이 죄성을 가지고 태어난다. 이것이 원죄의 결과이다. 어떤 사람들은 이는 공평하지 않다고 말한다. "아담이 지은 죄 때문에 왜 내가 정죄를 받아야 합니까?" 이 질문에 답이 될 수 있는 예시가 있다. 만약 한 나라의 대통령이 다른 나라의 돈을 빌려 쓰면 국가에 부채가 생긴다. 개인이 빌린 돈은 아니지만, 국민이라면 세금을 내서 그 부채를 갚아야 한다. 그 나라의 모든 국민은 한 사람도 예외 없이 국가 부채의 영향을 받는다. 내가 빌린 돈이 아니기 때문에 국가 부채는 나와 상관없다고 말할 수 있는 사람이 있을까? 아담이 죄를 범함으로써 모든 인간이 원죄를 갖게 된 것도 같은 이치다.

그러나 다행인 것은 하나님이 이 땅에 두 번째 아담 예수님을 보내셨다는 사실이다. 그분은 의로운 삶을 살다 모든 인간의 죄를 위해 십자가에 달려 돌아가셨다. 그래서 예수님을 믿는 사람은 누구나 그분과 함께 의롭게 여겨질 수 있다.

내가 죄인임을 인정하고 다른 누구의 죄가 아닌 바로 나의 죄를 위해 예수님이 십자가에 달려 돌아가셨음을 믿어야 한다. 그 믿음 아래 하나님께 진실되게 용서를 구할 때 구원이 선물로 주어진다.

살다 보면 하나님이 나와 함께하지 않으시는 것 같은 느낌이 들 때가 있다. '하나님이 나를 잊으셨나? 나는 버려졌나? 하나님이 정말 계시긴 한 건가?' 하는 절망적인 생각에 압도되기도 한다. 하지만 어떤 상황 속에서도 하나님은 우리와 함께하신다. 이 세상에 나 혼자인 것 같을 때도, 주변 사람 모두에게 버림받은 것 같을 때도 하나님은 나를 떠나지 않으신다. 이것이 부활의 메시지다.

어떤 어려움 속에서도 부활하신 예수님을 믿어야 한다. 예수님은 그분을 믿는 자들에게 영생을 주기 위해 이 세상에 오셨고, 십자가에 달려 돌아가셨으며, 사흘 만에 부활하셨다. 삶에 실망했다고 하나님에게도 실망해서는 안 된다. 어려움이 온다고 하나님을 탓해서는 안 된다. 오히려 나의 죄를 깨닫고 하나님께 용서를 구해야 한다. 그러면 부활하신 예수님을 경험하게 될 것이다.

예수님과 함께 십자가에 못 박혀 죽은 죄수는 삶의 마지막에 하나님이 주시는 용서와 사랑, 천국의 소망과 영생을 얻었다. 생명이 있는 한 우리는 예수님을 부를 수 있다. 어떤 경우에도 부활의 소망을 포기하지 말고 흔들림 없이 예수님을 바라보자.

# 9장

# 엠마오로 가던 두 제자 이야기

## 누가복음 24:13-35

13 그 날에 그들 중 둘이 예루살렘에서 이십오 리 되는 엠마오라 하는 마을로 가면서

14 이 모든 된 일을 서로 이야기하더라

15 그들이 서로 이야기하며 문의할 때에 예수께서 가까이 이르러 그들과 동행하시나

16 그들의 눈이 가리어져서 그인 줄 알아보지 못하거늘

17 예수께서 이르시되 너희가 길 가면서 서로 주고받고 하는 이야기가 무엇이냐 하시니 두 사람이 슬픈 빛을 띠고 머물러 서더라

18 그 한 사람인 글로바라 하는 자가 대답하여 이르되 당신이 예루살렘에 체류하면서도 요즘 거기서 된 일을 혼자만 알지 못하느냐

19 이르시되 무슨 일이냐 이르되 나사렛 예수의 일이니 그는 하나님과 모든 백성 앞에서 말과 일에 능하신 선지자이거늘

20 우리 대제사장들과 관리들이 사형 판결에 넘겨 주어 십자가에 못 박았느니라

21 우리는 이 사람이 이스라엘을 속량할 자라고 바랐노라 이뿐 아니라 이 일이 일어난 지가 사흘째요

22 또한 우리 중에 어떤 여자들이 우리로 놀라게 하였으니 이는 그들이 새벽에

무덤에 갔다가

23 그의 시체는 보지 못하고 와서 그가 살아나셨다 하는 천사들의 나타남을 보았다 함이라

24 또 우리와 함께 한 자 중에 두어 사람이 무덤에 가 과연 여자들이 말한 바와 같음을 보았으나 예수는 보지 못하였느니라 하거늘

25 이르시되 미련하고 선지자들이 말한 모든 것을 마음에 더디 믿는 자들이여

26 그리스도가 이런 고난을 받고 자기의 영광에 들어가야 할 것이 아니냐 하시고

27 이에 모세와 모든 선지자의 글로 시작하여 모든 성경에 쓴 바 자기에 관한 것을 자세히 설명하시니라

28 그들이 가는 마을에 가까이 가매 예수는 더 가려 하는 것 같이 하시니

29 그들이 강권하여 이르되 우리와 함께 유하사이다 때가 저물어가고 날이 이미 기울었나이다 하니 이에 그들과 함께 유하러 들어가시니라

30 그들과 함께 음식 잡수실 때에 떡을 가지사 축사하시고 떼어 그들에게 주시니

31 그들의 눈이 밝아져 그인 줄 알아 보더니 예수는 그들에게 보이지 아니하시는지라

32 그들이 서로 말하되 길에서 우리에게 말씀하시고 우리에게 성경을 풀어 주실 때에 우리 속에서 마음이 뜨겁지 아니하더냐 하고

33 곧 그 때로 일어나 예루살렘에 돌아가 보니 열한 제자 및 그들과 함께 한 자들이 모여 있어

34 말하기를 주께서 과연 살아나시고 시몬에게 보이셨다 하는지라

35 두 사람도 길에서 된 일과 예수께서 떡을 떼심으로 자기들에게 알려지신 것을 말하더라

길을 가다 방향을 잃은 경험이 있는가? 특히 타국에서 길을 잃으면 더 막막하고 답답하다. 삶의 길도 마찬가지다. 의사가 되기 위해 의대에 가서 치열하게 공부하고 수년에 걸쳐 전문의 과정까지 마쳤는데, 정작 그 일이 적성에 맞지 않는다는 것을 깨달으면 허무한 것은 물론이고 앞으로의 삶이 막막할 것이다. 돈을 많이 벌면 행복할 줄 알고 앞만 보고 일에 매달렸는데, 어느새 가족이 뿔뿔이 흩어져 같이 밥 먹을 사람 한명이 없다면 그 허탈감은 감당하기 힘들 것이다. 그토록 원하던 것을 성취해도 전혀 행복하지 않을 때, 열심을 내어 무언가를 이루었는데 하나도 만족스럽지 않을 때, 길을 잃은 것 같은 혼란과 절망에서 한동안 헤어나오지 못할 수 있다.

엠마오로 가던 두 제자가 그랬다. 한 사람의 이름은 글로바이고 또 다른 제자의 이름은 알 수 없다. 이들은 예수님의 제자였다. 이스라엘을 구원할 메시아라고 믿은 예수님이 가룟 유다에게 배신당해 십자가에 달려 돌아가셨다. 제자들에게 예수님은 삶의 전부이고 꿈이었다. 그런 예수님이 돌아가시자 삶의 방향과 목적을 잃고 모든 것이 허망해져 고향으로 돌아가고 있었다.

사람마다 생각하는 삶의 의미도, 이루고 싶은 꿈도 다르다. 가고자 하는 목적지와 방향도 다르다. 그러나 제자들처럼 삶의 목적을 잃어버렸거나 어디로 가야 할지 모르는 곳에 도착해 있다면 기억해야 할 것이 있다.

## 1. 예수님이 함께하신다는 것을 깨달으라 (13-27절)

예수님이 부활하신 날, 두 제자는 예루살렘에서 약 11 킬로미터 떨어진 엠마오로 가고 있었다. 두 사람은 예수님이 십자가에 달려 돌아가신 사건에 대해 이야기하고 있었다. 그들에게 부활한 예수님이 나타나셨다. 그러나 둘은 그 사람이 예수님인지 모른 채 여전히 슬픔에 갇혀 있었다. 예수님은 자신을 알아보지 못하는 두 사람에게 다가가 무슨 이야기를 하고 있는지 물으셨다. 그들은 예수님이 선지자인 것과 많은 사람이 그분이 메시아이기를 바랐지만 십자가에 못 박혀 죽은 것을 이야기했다. 그러면서 그분의 시체가 없어졌다는 소문이 파다하다고 전했다. 제자들은 오히려 어떻게 예루살렘에 있었으면서 이 일들에 대해 모르냐며 의아해 했다.

이야기를 들은 예수님은 그들의 믿음 없음을 꾸짖으셨다. 그리고 모세와 선지자의 글로 시작해서 모든 성경에 기록된 메시아에 대한 예언을 자세히 설명하셨다. 그것들은 다름 아닌 예수님 자신에 대한 말씀이었다. 모세의 율법과 선지자의 글은 구약 성경을 가리킨다. 예수님은 그분에 대한 구약의 예언을 설명하며, 메시아가 모든 사람의 죄를 대속하기 위해 죽고 부활해야 했음을 말씀하셨다. 구약의 모든 말씀이 그분 자신을 향한 것임을 설명해 주신 것이다.

믿고 따르던 예수님의 죽음에 절망하던 제자들 앞에 나타난 예수님은 친히 그분 자신에 대해 증거하셨다. 주님을 만나기 전까지만 해도, 엠마오로 향하던 제자들의 발걸음은 천근처럼 무거웠을 것이다. 예수님이 돌아가셨으니 이제 모든 것이 끝났다고 생각했다. 그러나 이들의 생각은 완전히 틀렸다.

제자들처럼 삶의 방향을 잃고 방황할 때 깨달아야 할 가장 중요한 것은, 그 절망의 순간에도 예수님이 함께하신다는 사실이다. 마음이 낙심과 슬픔으로 가득 찰 때가 있다. 그런 마음으로는 내 안에 계시는 예수님을 느끼기 어렵다. 삶이 버겁고 힘들어 예수님이 함께하신다는 것을 느끼지 못할 때, 이 말씀을 붙들어라. "내가 세상 끝날까지 너희와 항상 함께 있으리라 하시니라"(마 28:20하). 우리의 느낌과 상관없이 예수님은 항상 함께하신다. 슬픔과 절망에 압도되어 예수님이 느껴지지 않을 때, 바로 그때가 믿음으로 예수님을 만나야 할 때이다.

## 2. 예수님을 삶 가운데 모셔라 (28-29절)

예수님과 두 제자는 엠마오에 도착했다. 제자들은 예수님에게 날이 저물었으니 자신들의 집에 묵기를 권했다. 이때까지도 그들은 예수님을 알아보지 못했다. 어떻게 처음 보는 사람에게 자신의 집에서 묵으라고 청할 수 있는지 이해하기 어렵겠지만, 동행자에게 머물 곳과 음식을 권하는 것이 당시의 문화였기 때문에 크게 이상한 상황은 아니었다. 예수님은 제자들의 권유에 응해 그곳에 머물기로 하셨다. 제자들의 권유는 당시 문화이기도 했지만, 예수님과 더 교제하고 싶은 마음도 있었다. 인생에서 길을 잃어버렸다면 예수님을 삶 가운데 모셔야 한다. 제자들이 예수님을 집에 모셨던 것처럼 말이다. 그리고 그 안에서 예수님과의 교제를 누려야 한다.

영국의 화가 윌리엄 홀먼 헌트William Holman Hunt가 그린 '세상의 빛'이라는 작품이 있다. 누구나 한번쯤 밖에서 문을 두드리시는 예수님의 그림을 보았을 텐데 바로 그 작품이다.

이 그림을 대중에게 공개하기 전, 헌트는 친구와 가족에게 먼저 보여 주었다. 한 친구가 그림을 자세히 보더니 무언가 빠진 것 같다고 말했다. 그게 무엇인지 묻자 친구는 문 손잡이가 없다고 말했다. 헌트는 이렇게 답했다. "손잡이 그리는 것을 잊은 것이 아니라네. 예수님이 두드리시는 문의 손잡이는 안쪽에만 있다네."

'세상의 빛'은 요한계시록 3장을 배경으로 그린 작품이다. "볼지어다 내가 문 밖에 서서 두드리노니 누구든지 내 음성을 듣고 문을 열면 내가 그에게로 들어가 그와 더불어 먹고 그는 나와 더불어 먹으리라"(계 3:20).

모두가 선택할 수 있다. 예수님을 문 밖에 세워 두든가 아니면 문 안으로 영접하든가. 예수님을 길에서 스친 모르는 사람으로만 알든가 아니면 귀한 손님으로 집 안에 모시든가. 지금 인생의 길에서 헤매고 있다면 예수님을 영접해야 한다. 혹시 예수님을 문 밖에 세워 두고 있다면 그분을 삶 가운데로 모셔야 한다.

## 3. 예수님을 주인으로 삼으라 (30-35절)

예수님은 두 제자의 집에서 함께 저녁 식사를 하셨다. 식사하기 전 떡을 가지고 축사한 후 그것을 떼어 제자들에게 주셨다. 이는 매우 부자연스러운 상황이다. 떡을 축사하고 떼어 주는 것은 집 주인의 일이기 때문이다. 제자들은 길에서 처음 만난 예수님에게 집에서 머물도록 호의를 베풀었다. 분명 제자들이 예수님을 손님으로 모셨는데, 예수님이 축사하고 떡을 떼어 나누어 주면서 집 주인처럼 행동하셨다. 이를 통해 두 제자가 예수님을 집 주인의 자리에 모시고 주인으로서의 일을 하시도록 허락했음을 알 수 있다. 이들은 예수님을 손님으로 초대한 것이 아니고 자신들의 주인으로 삼았다. 바로 그때 제자들의 눈이 밝아져 마침내 예수님을 알아보게 되었다. 예수님의 이 행동이 5천 명을 먹이신 사건을 생각나게 했을 수 있고, 제자들과의 마지막 만찬을 떠올렸을 수도 있다. 어쩌면 예수님의 손에서 못 자국을 보았을 수도 있다. 분명한 것은 그제서야 예수님을 알아보았다는 사실이다.

내 삶의 주인은 누구인가? 나는 정말 예수님을 주인으로 모셨는가? 예수님을 길에서 만난 낯선 사람으로 여기고 있지는 않은가? 혹은 가끔씩 초대하는 어색한 손님 정도로 대접하는 것은 아닌가? 인생의 길에서 헤매고 있다면, 지금 바로 예수님을 삶의 주인으로 모셔야 한다.

부활하신 예수님을 알아본 후 두 제자의 삶은 완전히 바뀌었다. 혼란스럽던 삶에 새로운 목적과 사명이 생겼다. 그들은 즉시 일어나 예루살렘으로 돌아갔다. 이제 분명한 목적지가 생긴 것이다. 두 사람은 예루살렘에 도착해서 다른 제자들에게 예수님의 부활을 전했다.

예수님의 부활을 믿는 가장 분명한 증거는 부활을 전하는 것이다. 두 제자는 엠마오를 떠나 예루살렘으로 돌아가서 열한 명의 제자와 또 다른 제자들을 만났다. 그들은 예수님이 부활하셨다고 전했고, 다른 제자들 역시 부활하신 예수님을 만났다고 증거했다.

부활한 예수님은 우리 삶을 풍요롭게 하고 참된 가치를 알려 주며 길이 되어 주신다. 예수님에게 주인의 자리를 내어 드리고 그분이 내 삶에서 이루실 기적들을 기대하자.

———————

인생의 길을 헤매지 않기 위해서는, 두 제자가 경험했던 것처럼, 예수님이 함께하신다는 사실을 깨달아야 한다. 삶의 방향을 잃었을 때, 길 위에 홀로 덩그러니 서 있는 것처럼 느낄 수 있다. 그러나 예수님은 항상 함께할 것이라고 약속하셨다. 예수님이 함께하심에도 불구하고 그분을 내 삶의 밖에 둔 채 살 수 있다. 문을 열어 예수님을 모셔 들이고 그분과의 교제를 누리자. 부활한 주님을 삶 가운데 모시고 내 삶의 주인으로 삼자. 그분이 삶의 모든 영역들을 주관하시도록 허락하자. 그러면 주님이 나의 삶 가운데 이루시는 크고 작은 일들을 직접 보게 될 것이다. 주인의 자리를 내어 드린 사람만이 누릴 수 있는 눈부신 비밀이 있다. 그 놀라운 역사를 기대하며 그분과 함께하는 삶을 시작해 보자.

# 10장
# 열한 제자 이야기

누가복음 24:36-49

36  이 말을 할 때에 예수께서 친히 그들 가운데 서서 이르시되 너희에게 평
    강이 있을지어다 하시니

37  그들이 놀라고 무서워하여 그 보는 것을 영으로 생각하는지라

38  예수께서 이르시되 어찌하여 두려워하며 어찌하여 마음에 의심이 일어
    나느냐

39  내 손과 발을 보고 나인 줄 알라 또 나를 만져 보라 영은 살과 뼈가 없으
    되 너희 보는 바와 같이 나는 있느니라

40  이 말씀을 하시고 손과 발을 보이시나

41  그들이 너무 기쁘므로 아직도 믿지 못하고 놀랍게 여길 때에 이르시되
    여기 무슨 먹을 것이 있느냐 하시니

42  이에 구운 생선 한 토막을 드리니

43  받으사 그 앞에서 잡수시더라

44  또 이르시되 내가 너희와 함께 있을 때에 너희에게 말한 바 곧 모세의 율
    법과 선지자의 글과 시편에 나를 가리켜 기록된 모든 것이 이루어져야
    하리라 한 말이 이것이라 하시고

45  이에 그들의 마음을 열어 성경을 깨닫게 하시고

46 또 이르시되 이같이 그리스도가 고난을 받고 제삼일에 죽은 자 가운데서 살아날 것과

47 또 그의 이름으로 죄 사함을 받게 하는 회개가 예루살렘에서 시작하여 모든 족속에게 전파될 것이 기록되었으니

48 너희는 이 모든 일의 증인이라

49 볼지어다 내가 내 아버지께서 약속하신 것을 너희에게 보내리니 너희는 위로부터 능력으로 입혀질 때까지 이 성에 머물라 하시니라

과학 기술이 발전함에 따라, 사람들은 경제, 교육, 사회 등 다양한 분야에서 일어날 변화를 예측하고 이에 필요한 정책과 대안을 마련한다. 이는 일상생활에서도 마찬가지다. 예를 들어 한국에서 어린 자녀가 NBA 선수가 되겠다고 하면 농구보다는 골프나 축구를 권유한다. 농구를 하기에는 한국인의 신체적 조건이 상대적으로 매우 불리하고, 한국 선수 중 NBA에서 성공한 사례가 없기 때문이다. 이처럼 우리는 수많은 가능성을 조사하고 전망한다.

통계학자들은 다양한 분야에서 일어날 일들을 숫자로 예측하는데, 그들의 통계에 의하면 오토바이 사고로 다칠 확률은 자동차 사고의 열 배라고 한다. 또 복권에 당첨될 확률은 벼락에 맞아 죽을 확률보다 두 배나 낮다고 한다. 이들의 통계는 매우 전문적이다.

그렇다면 죽은 사람이 다시 살아날 확률은 얼마나 될까? 전문적인 통계학자에게 물으면 가능성을 말할 수 있을까? 굳이 전문가를 찾지 않아도, 모두가 죽은 사람이 다시 살아날 확률은 0퍼센트라고 이야기할 것이다. 하지만 예수님은 죽었다가 다시 살아나셨다. 빈 무덤과 그분의 부활을 본 증인들이 이 사실을 분명하게 전했다.

부활의 증인은 지금 이 시대에도 있다. 오늘날에도 부활하신 예수님을 만나고 삶의 변화를 경험하는 사람들이 있다. 예수님을 알지 못하는 사람들은 절대로 이해할 수 없는 일이다. 어떻게 2천 년 전에 살았던 사람이 지금 이 시대를 사는 사람의 삶을 바꿀 수 있단 말인가! 그런데 그 놀라운 일들이 실제로 일어나고 있다. 부활의 능력으로 불가능한 문제들을 이겨 내는 하나님의 사람들이 있다. 예수님의 부활은 우리의 소망이다. 죽음에서 다시 살아나는 불가능을 이루신 예수님과 함께라면 어떤 상황에서도 답을 찾을 수 있고 소망을 품을 수 있다.

## 1. 죄의 문제를 이길 수 있음을 믿으라 (36-47절)

죄는 우리가 하나님과 멀어지게 한다. 하나님은 거룩한 분이기 때문에 죄인들과 교제하실 수 없다. 예수님은 하나님과 교제할 수 없었던 우리를 구원하기 위해 십자가에서 죽었다가 사흘 만에 부활하셨다. 예수님이 부활하심으로써 누구든지 그분을 믿기만 하면 구원받을 수 있고 하나님과 교제할 수 있게 되었다.

처음에 제자들은 예수님의 부활을 믿지 않았다. 예수님은 그런 제자들 가운데 나타나서 "너희에게 평강이 있을지어다"라고 말씀하셨다. 제자들은 부활하신 예수님을 보고도 믿지 않았다. 심지어 귀신인 줄 알고 무서워했다. 예수님은 못 자국 난 손과 발을 보이며 직접 만져 보라고 하셨다. 영은 살과 뼈가 없지만 부활하신 예수님에게는 있었기 때문이다. 그런데도 제자들은 두려워하며 믿지 못했다. 예수님은 자신이 영이 아니고 부활한 몸을 가진 예수님이라는 것을 증명하기 위해 먹을 것을 달라 하셨고, 그들이 보는 가운데 생선 한 토막을 잡수셨다.

그리고 그들에게 가르쳤던 '모세의 율법과 선지자의 글과 시편'에 대해 말씀하셨다. 예수님 당시는 신약이 기록되기 전이기 때문에 따로 구약을 구별하지 않았다. 대신 구약 성경을 '모세의 율법과 선지자의 글과 시편'이라고 불렀다.

예수님은 제자들의 마음을 열어 구약이 그분 자신의 구원 역사에 대해 기록한 것임을 깨닫게 하셨다. 그리스도가 고난을 받고 사흘 만에 죽은 자 가운데서 살아나며, 그의 이름으로 죄 사함을 받는 회개가 예루살렘에서 시작해서 모든 족속에게 전파될 것이라고 기록된 말씀을 설명하셨다.

모든 인간은 죄를 범했기 때문에 스스로의 힘으로는 천국에 갈 수 없다. 죄인이 천국에 갈 수 있는 확률은 0퍼센트다. 그래서 죄 없는 예수님이 모든 죄를 대신 지고 십자가에 달려 돌아가셨다. 이 사실을 믿고 하나님께 용서받으면 영생을 선물로 얻는다. 예수님 때문에 구원받을 수 있는 것이다. 그러므로 우리는 부활하신 예수님을 통해 불가능한 죄의 문제를 이길 수 있음을 믿어야 한다.

## 2. 평범함의 문제를 이길 수 있음을 믿으라 (48절)

예수님의 제자들은 어부와 세리로 일하던 평범한 사람들이었다. 예수님은 평범한 사람들에게 특별한 사명을 주셨다. 예수님의 복음을 증거하는 사명이었다. 제자들은 위험과 핍박을 무릅쓰고 부활하신 예수님에 대해 증거했다. 그들은 전 세계에 복음을 전하는 놀라운 일을 했다.

오늘날 많은 사람이 평범한 삶에 갇혀 활력을 잃은 채 살고 있다. 특별할 것 없는 일상이 싫증 나고 재미가 없다. 물론 교회에서 열심히 섬기고, 직장에서도 책임감을 갖고 성실하게 일한다. 가정을 돌보고 아이들을 양육하며 분수에 맞게 평범한 삶을 꾸린다. 그러나 현실에 치여 하루하루 살다 보니 사명을 잊고 꿈을 잃었다. 그저 오늘을 무사히 보낸 것에 만족하며, 어제와 같은 오늘을 살고, 오늘과 별반 다르지 않은 내일을 기다린다. 삶에 뚜렷한 목표가 없고 특별한 일을 해 낼 수 있다는 소망 또한 없다. 때론 올림픽에서 금메달을 따는 유명한 운동 선수가 되거나, 세상을 바꾸겠다는 위대한 꿈을 가졌던 어린 시절을 그리워하기도 한다. 어쩌면 대부분의 사람이 스스로 이런 재미 없는 삶을 살고 있다고 생각할 수 있다.

부활한 예수님은 평범한 삶을 살던 사람들에게 특별한 사명을 주셨다. 아마 제자들은 예수님이 자신에게 이런 엄청난 사명을 맡기실 거라고는 생각지도 못했을 것이다. 무엇보다 자신들이 그 특별한 사명을 감당할 것이라고 상상조차 못했을 것이다. 그러나 예수님은 모든 편견을 깨고 특별한 사람들이 아닌 지극히 평범한 사람들을 그분의 사명을 감당할 제자로 부르셨다. 이스라엘이라는 작은 나라에 살던 평범한 사람들이 세상을 바꿀 것이라고 누가 생각이나 했겠는가? 하지만 예수님은 이들이 맡은 사명을 잘 감당할 것이라고 약속하셨고 그 일은 실제 이루어졌다.

평범하게 살다가 평범하게 세상을 떠날 것이라고 생각하는가? 그렇다면 새로운 비전이 필요하다. 하나님에게는 각 사람을 향한 특별한 계획이 있다. 사탄은 믿음의 사람들에게 다가가 이제 끝이라면서 소망의 불씨를 꺼뜨리지만, 하나님은 다르다. 나이가 많든 적든 능력이 있든 없든, 특별할 것 없는 지극히 연약하고 평범한 사람들을 통해 오늘도 일하기 원하신다.

오늘 하루를 무사히 보내는 것에 만족하며 살 것이 아니라, 언제 어디서라도 부활하신 예수님의 사명을 감당하는 제자가 되어야 한다. 예수님이 주신 평범하지 않은 사명을 이루어야 하고, 하나님이 새롭게 주실 비전을 기대하며 매일을 살아야 한다. 부활하신 예수님을 통해 우리는 불가능한 평범함의 문제를 이길 수 있다.

## 3. 연약함의 문제를 이길 수 있음을 믿으라 (49절)

예수님을 믿어도 죄를 범할 수 있다. 예수님을 영접했다고 해서 죄성이 하루아침에 사라지는 것은 아니다. 우리 안에는 죄의 습관이 남아 있고, 세상을 사랑하는 마음이 여전히 있다. 시기하고 질투하며 이기적이고 남을 사랑하지 않는 은밀한 죄는 사라지지 않고 끊임없이 우리를 괴롭힌다. 스스로 망가지고 주위 사람들을 다치게 하고 하나님의 마음을 아프게 하는 삶에서 벗어나고 싶지만, 노력과 결심만으로는 죄를 끊을 수 없다. 술, 담배, 마약, 도박 등 무엇인가에 중독된 사람 중에 그 상태로 살고 싶어하는 사람은 아무도 없다. 대부분의 사람이 중독에서 벗어나기 위해 노력한다. 반복되는 고리를 끊기 위해 결심하고 다짐하지만, 늘 실패로 돌아갈 뿐이다. 그러다 결국 자신은 이 늪에서 벗어날 가망이 없다고 자포자기하기도 한다.

우리의 힘만으로는 죄를 이겨 낼 수 없다. 하지만 성경은 넘어져도 낙심하지 말라고 말한다. 우리는 연약하지만 부활하신 예수님은 강하기 때문이다. 그 능력의 예수님이 우리와 함께하신다. 그러므로 주님과 함께라면 어떤 불가능도 이길 수 있다. 제자들은 연약함을 이길 수 없었고 예수님도 이 사실을 잘 아셨다. 그래서 성령님을 보내 주겠다고 약속하셨다. 약속대로 오순절에 성령님이 모든 제자 위에 임했다. 그 후 제자들은 성령님이 주시는 능력으로 새 사람이 되었다.

예수님을 믿는 모두에게는 연약함을 이길 수 있는 능력이 있다. 성령님이 우리 안에 부어 주시는 능력으로 나쁜 생각과 습관, 파괴적인 성격을 바꿀 수 있다. 그러므로 나의 힘으로는 죄를 끊을 수 없다는 사실을 인정하고, 성령님께 도움을 구해야 한다. 성령님께 의지하여 인도받을 때 그 능력이 우리 안에 역사하는 것을 경험할 수 있다. 우리의 연약함을 바라보며 절망하지 말고, 능력 주시는 예수님을 믿고 넘어져도 일어서야 한다. 부활하신 예수님을 통해 불가능한 연약함의 문제를 이길 수 있음을 믿어야 한다.

––––––––––

예수님은 불가능을 이기고 무덤에서 부활하셨다. 누구도 상상조차 못한 승리였다. 예수님은 불가능을 가능케 하신다. 그분이 함께하시면 우리 삶의 불가능 역시 문제가 되지 않는다. 죄의 문제, 평범함의 문제, 연약함의 문제는 우리를 끊임없이 괴롭힐 수 있지만 부활한 예수님은 그 모든 것을 이기는 능력이 되신다. 예수님으로 인해 죄에서 자유하고, 평범한 삶을 특별하게 만들고, 연약함을 강함으로 바꾸는 놀라운 변화를 누릴 수 있다. 예수님의 부활은 우리의 소망이며 힘이기 때문이다.

나의 힘으로는 죄를 끊을 수 없다는 사실을 인

정하고, 성령님께 도움을 구해야 한다. 성령님

께 의지하여 인도받을 때 그 능력이 우리 안에

역사하는 것을 경험할 수 있다.

# 11장
# 가야바 이야기

요한복음 11:47-53

47  이에 대제사장들과 바리새인들이 공회를 모으고 이르되 이 사람이 많은
    표적을 행하니 우리가 어떻게 하겠느냐

48  만일 그를 이대로 두면 모든 사람이 그를 믿을 것이요 그리고 로마인들
    이 와서 우리 땅과 민족을 빼앗아 가리라 하니

49  그 중의 한 사람 그 해의 대제사장인 가야바가 그들에게 말하되 너희가
    아무 것도 알지 못하는도다

50  한 사람이 백성을 위하여 죽어서 온 민족이 망하지 않게 되는 것이 너희
    에게 유익한 줄을 생각하지 아니하는도다 하였으니

51  이 말은 스스로 함이 아니요 그 해의 대제사장이므로 예수께서 그 민족
    을 위하시고

52  또 그 민족만 위할 뿐 아니라 흩어진 하나님의 자녀를 모아 하나가 되게
    하기 위하여 죽으실 것을 미리 말함이러라

53  이 날부터는 그들이 예수를 죽이려고 모의하니라

자신의 것을 빼앗기면서도 가만히 있는 사람은 없다. 특히 소중히 여기는 것이라면 어떻게든 지키려 할 것이다. 사람마다 중요하게 생각하는 것은 다르다. 물질일 수도 있고 명예일 수도 있다. 누군가에게는 관계일 수도 있고 자녀일 수도 있다.

예수님 당시에 가야바라는 사람이 있었다. 가야바는 대제사장으로 이스라엘에서 가장 큰 권력을 가진 사람이었다. 그는 로마 사람들과 이스라엘 사람들 사이에서 중계인 역할을 했고, 대제사장으로서 성전의 모든 일을 주관했다. 그의 부와 권력은 사람들에게 큰 영향을 끼쳤다. 당시 대제사장이 엄청난 부를 누릴 수 있었던 이유는 이스라엘의 모든 사람이 성전세를 냈기 때문이다. 그에게는 로마가 준 권력, 영적 영향력 그리고 재력이 있었다. 한마디로 모든 것을 마음대로 움직일 수 있는 힘이 있었다. 이런 대제사장에게 예수님은 눈엣가시였다.

예수님이 말씀을 전하며 사역하시는 곳마다 하나님의 능력이 나타났고, 그로 인해 수천 명의 사람이 그분을 따랐다. 이런 예수님은 종교 지도자 가야바에게 큰 위협이 되었다. 가야바는 예수님을 탐탁지 않게 여기고 있었다. 설상가상으로 죽었던 나사로를 살리시는 사건으로 인해 그분을 따르는 사람들의 수가 폭발적으로 늘었다. 가야바는 이제 더 이상 예수님을 그냥 두고 볼 수 없었다.

대제사장과 바리새인들이 공회를 모았다. 당시 제사장과 바리새인이 포함된 공회의 사람들은 신학과 철학, 정치관이 달랐기 때문에 사사건건 논쟁을 벌이는 등 사이가 좋지 않았다. 그런데 예수님을 이대로 두면 안 된다는 것에서는 생각이 같았다. 이들이 뜻을 합치고 마음을 모으는 불가능한 일이 예수님을 반대하기 위해 이루어졌다. 공회에 모인 사람들은 당시 사회의 기득권층이었다. 이들은 예수님을 위협적인 존재로 결론 내렸다. 그분으로 인해 자신들의 자리가 위태로워질 수 있다고 판단하자 한마음과 같은 목소리로 대항했다. 십자가를 둘러싼 이 사건을 통해 우리는 예수님께 저항하는 어리석음에 대한 중요한 진리를 배울 수 있다.

## 1. 예수님께 저항할 때 입을 손해를 알라 (47절)

예수님이 눈엣가시였던 종교 지도자들은 그분을 함정에 빠뜨리기 위해 곤란한 질문을 던졌다. 예수님은 이들의 속셈을 알면서도 질문에 답하셨고, 그 대답은 사람들을 놀라게 했다.

종교 지도자들은 자신의 계략이 실패했다는 것을 깨달았다. 그들은 이미 예수님이 평범한 사람이 아니라는 것을 알았다. 귀신을 쫓고 병자를 고치며 죽은 사람을 살리는 등 예수님이 행하신 수많은 이적과 기적에 대해 보고 들었다. 그렇기 때문에 종교 지도자들은 예수님을 함정에 빠뜨리려 하면서도 그것이 하나님에게 대항하는 일이라는 사실을 알았다. 그럼에도 불구하고 예수님을 곤란하게 한 이유는, 지금 당장 중요한 권력과 부를 버릴 수 없었기 때문이다. 예수님의 권위를 인정하는 것은 큰 대가를 치러야 한다는 의미였다. 그들에게는 그 대가가 받아들일 수 없는 손해처럼 느껴졌다.

오늘날에도 이런 계산 때문에 예수님을 따르길 망설이는 사람들이 있다. 주일 예배에 가기 위해서는 아침잠을 포기해야 하고, 교회에서 봉사하려면 주말 시간을 드려야 한다. 예수님을 따르기 위해서는 포기해야 할 것들이 분명히 있다. 그렇기 때문에 믿음의 길은 희생이며 손해라고 생각하는 것이다. 정말 그럴까? 예수님과 함께하는 삶은 손해일까? 그렇지 않다. 당장은 많은 것을 포기하고 손해를 감수해야 할 것 같지만, 결국은 갑절의 축복을 얻는 비결이다. 예수님을 따르는 사람은 그분이 주시는 축복과 영생을 얻는다. 진짜 손해는 그분을 따르지 않는 것이다.

결국 가야바는 자신이 그토록 지키고 싶었던 지위와 인기, 돈, 영생을 모두 잃었다. 예수님을 압박하고 심문하면서 대항했지만 모든 것을 잃은 쪽은 가야바 자신이었다. 우리 안에도 부와 명예, 관계, 지위 등 예수님보다 중요하게 여기는 것들, 절대 포기하고 싶지 않은 것들이 있다. 이것들을 위해 예수님을 우선순위에서 밀어낼 때가 있다. 성적을 올리려면 주말에도 공부해야 한다며 예배에 빠진다. 승진을 위한 이런저런 업무들로 인해 주일을 지키지 않는다. 당장은 성적이 오르고 승진에 성공하기도 한다. 밤낮없이 매달린 사업도 승승장구하는 것 같다. 하지만 어떤가? 공부만 잘 하면 행복한 인생이 보장될 것 같았지만 그렇지 않다. 승진만 하면 삶이 윤택하고 여유로울 것 같았지만 뭔가 허무하고, 사업이 잘 되면 가족 모두 행복할 것 같았지만 관계가 망가져 버렸다. 예수님을 미루면서까지 지키려 했던 것들이 아무 소용 없게 되었다.

우리가 지키려 애쓰는 것들은 대부분 시간이 지나면 사라진다. 그것들을 위해 영원 불변하신 예수님을 따르지 않는다면 얼마나 어리석은가? 예수님을 따르는 삶이 시간과 재물, 에너지를 요구하는 것처럼 느껴질 수 있지만, 결국은 세상이 줄 수 없는 영원한 축복을 경험하게 될 것이다.

## 2. 예수님께 저항하려는 이유를 알라 (48-50절)

예수님을 궁지에 몰기 위해 곤란한 질문을 던졌던 대제사장과 바리새인들은 그분이 평범한 사람이 아니라는 사실을 알았다. 하나님이 함께하지 않으면 누구도 행할 수 없는 이적과 기적이 이루어졌기 때문이다. 그런데도 이들은 예수님과 맞섰다. 왜 그랬을까?

이들은 오직 자신의 이익만을 생각하는 사람들이었다. 하지만 예수님께 대항하는 명분은 있었다. 앞으로 더 많은 사람이 예수님을 따르면, 로마가 자신들의 땅과 민족을 빼앗을 것이라는 핑계였다. 겉으로는 이스라엘과 민족, 성전을 무척이나 사랑하는 것처럼 보였지만, 사실 이것은 자신의 이익을 챙기기 위한 핑곗거리에 불과했다. 이들은 위선자였다. 거룩한 이유를 대면서 예수님께 저항하는 것을 정당화했다.

대제사장 가야바 역시 마찬가지였다. 그도 예수님의 비범함을 잘 알았다. 예수님이 행하시는 기적을 부인할 수 없었다. 그러나 예수님은 죽어야 한다고 주장했다. 한 사람이 죽음으로써 모든 문제가 해결될 것이라고 말했지만, 이는 핑계에 불과했다.

잘못한 사람일수록 핑계가 많다. 잘못을 인정하기 싫기 때문에 합리화할 여러 변명거리를 늘어놓는다. 우리도 그렇지 않은가? 다른 일 때문에 예배를 미루면서 '오늘은 진짜 어쩔 수 없어. 일이 너무 밀렸잖아. 오늘 일을 마무리하지 않으면 다음주 내내 힘들 거야. 이번 예배만 빠지자'라고 생각하고, '이번 달에는 사람들을 챙기느라 돈을 많이 썼어. 십일조까지 드리면 한달 내내 쪼들릴 거야. 이번 십일조는 다음달에 내자'라며 스스로 타협하기도 한다. 이것은 자신의 목적과 이익을 위해 수많은 핑곗거리를 대며 정당화하는 대제사장의 모습과 다르지 않다.

우리 마음의 우선순위는 언제나 하나님이어야 한다. 하나님 아닌 다른 것이 1순위로 자리잡고 있다면 그것이 우리의 우상이다. 하나님의 사람은 세상과 하나님을 동시에 섬길 수 없고, 어떤 것도 하나님보다 우선시해서는 안 된다. 그런데 어느새 우리는 하나님과 세상을 저울질하며 때로는 타협하기도 하고 심지어 세상 때문에 하나님과 맞서기도 한다. 예수님을 뒤로 미룬 채 변명거리를 찾고 있다면, 있는 그대로의 죄를 인정하고 주님께 나아와 회개하라. 가야바는 돌이킬 수 없는 결정을 했지만, 아직 우리에게는 기회가 있다.

## 3. 예수님께 저항하는 것이 헛된 일임을 알라 (51-53절)

하나님은 약속한 것을 성취하시는 분이다. 하나님의 계획은 반드시 이루어진다. 아무리 막강한 권력자라도 하나님의 일을 막을 수 없다. 예수님에게 맞서던 이들은 그분이 십자가에서 돌아가셨을 때, 마침내 자신들이 승리했다고 생각했다. 자신들의 뜻대로 그분을 죽였기 때문에 자리와 권력을 지켜 냈다고 기뻐했을 것이다. 그러나 이는 그들의 뜻이 아니라 하나님의 계획이 이루어진 것이었다. 하나님은 예수님의 죽음을 통해 모든 인간을 구원하려는 계획을 이루셨다. 다만 예수님을 계략에 빠뜨리고 죽였던 이들은 자신을 통해 하나님의 뜻이 이루어지고 있다는 사실을 알지 못했다. 그렇기 때문에 무덤에서 예수님의 시체가 사라졌다는 말을 들었을 때 너무도 당황스러웠다.

유월절이 지나고 아침 해가 뜰 무렵, 가야바에게 예수님의 시체가 없어졌다는 소식이 전해졌다. 그리고 머지않아 부활하신 예수님을 직접 보았다는 사람이 하나 둘 생기더니 점점 많아졌다. 예수님의 제자들 역시 숨었던 곳에서 나와 그분의 부활을 전했다. "당신들이 죽인 예수님은 부활하셨다! 우리가 직접 눈으로 확인했다!" 더 많은 사람이 예수님을 믿기 시작했다. 예수님이 자신들의 죄를 위해 십자가에서 죽었다가 부활하셨다는 사실을 믿은 것이다. 예수님은 죽음과 부활을 통해 사역할 때보다 더 많은 것을 이루셨다.

하나님은 각 사람을 향한 계획을 가지고 계신다. 그리고 반드시 이루신다. 실패하는 것은 언제나 그분에게 맞서는 쪽이다.

---

세상은 화려하고 아름다운 것들로 가득하다. 우리는 가끔 그런 반짝이고 요란한 것들에 마음을 빼앗긴다. 그러나 하나님 아닌 다른 것을 우선순위에 두고 섬기면 그 선택으로 인해 반드시 후회할 것이다. 성경은 이와 관련된 많은 이야기를 들려주며 경고한다.

인생 최고의 투자는 하나님에게 모든 것을 드리는 것이다. 순간순간 주님께 맞서는 자리에 서고 있다면, 그곳에서 내려와 그분에게 시간과 돈, 에너지를 드려라. 다음 일은 주님이 책임져 주실 것이다.

# 12장
# 큰 무리 이야기

요한복음 12:12-19

12  그 이튿날에는 명절에 온 큰 무리가 예수께서 예루살렘으로 오신다는 것을 듣고

13  종려나무 가지를 가지고 맞으러 나가 외치되 호산나 찬송하리로다 주의 이름으로 오시는 이 곧 이스라엘의 왕이시여 하더라

14  예수는 한 어린 나귀를 보고 타시니

15  이는 기록된 바 시온 딸아 두려워하지 말라 보라 너의 왕이 나귀 새끼를 타고 오신다 함과 같더라

16  제자들은 처음에 이 일을 깨닫지 못하였다가 예수께서 영광을 얻으신 후에야 이것이 예수께 대하여 기록된 것임과 사람들이 예수께 이같이 한 것임이 생각났더라

17  나사로를 무덤에서 불러내어 죽은 자 가운데서 살리실 때에 함께 있던 무리가 증언한지라

18  이에 무리가 예수를 맞음은 이 표적 행하심을 들었음이러라

19  바리새인들이 서로 말하되 볼지어다 너희 하는 일이 쓸 데 없다 보라 온 세상이 그를 따르는도다 하니라

마태, 마가, 누가, 요한은 예수님이 예루살렘에 입성하신 사건을 자신의 복음서에 기록했다. 예수님이 예루살렘에 입성하실 당시는 유월절이 5일밖에 남지 않을 때였다. 따라서 예루살렘에는 유월절을 보내기 위해 온 사람들로 가득 차 있었다. 유대인 역사학자 요세푸스Josephus에 의하면 그 당시 적어도 2백만 명의 사람이 예루살렘에 있었다고 한다.

많은 사람이 예루살렘에 입성하시는 예수님을 따랐다. 수천 명에 이르는 사람이 종려나무 가지를 들고 그분 앞에 나왔다. 함께 예수님을 따르며 환호했지만 그 이유는 각자 달랐다.

오늘날에도 수많은 사람이 교회에 다닌다. 그러나 그들 모두가 예수님을 따르는 것은 아니다. 그중 진심으로 예수님을 따르는 사람은 정작 많지 않을 수 있다. 우리는 진정으로 예수님을 따르고 있는가? 예수님을 제대로 따르기 위해서는 그분을 따르는 이유를 생각해 보아야 한다. 나는 왜 예수님을 따르는가? 왜 예수님을 주님으로 고백하는가? 예수님의 진정한 제자가 되기 위해 모두가 반드시 알아야 할 것이 있다.

## 1. 바르게 이해하고 따르라 (12-13, 16, 19절)

예수님이 예루살렘에 들어가실 때 많은 사람이 따랐다. 요한은 이들을 '큰 무리'라고 불렀다. 이중에는 예루살렘에 살던 사람들도 있고, 갈릴리에서부터 예루살렘까지 예수님을 따라 온 사람들도 있었다. 하지만 이들은 예수님에 대해 제대로 알지 못했다. 예수님이 누구인지 잘 몰랐지만, 사람들은 그분이 예루살렘으로 오신다는 소식에 종려나무 가지를 들고 맞으러 나갔다. 그리고 자신들이 하는 말의 뜻도 제대로 모르는 채 "호산나 찬송하리로다 주의 이름으로 오시는 이 곧 이스라엘의 왕이시여"라고 외쳤다. 그러나 이들의 환호는 며칠 후 "십자가에 못 박으소서"라는 저주로 바뀌었다.

예수님을 제대로 알지 못한 이들은 큰 무리만이 아니었다. 예수님의 제자들조차 그분이 누구인지, 그리고 지금 무슨 일이 일어나고 있는지 확실히 이해하지 못했다. 이들은 예수님이 부활하신 후에야 이 사건의 의미를 바로 이해할 수 있었다. 그래서 예수님이 돌아가시자 요한을 제외한 모든 제자가 흩어져 도망쳤다.

예수님을 핍박하던 이들도 그분에 대해 바로 알지 못하기는 마찬가지였다. 바리새인은 예수님을 거짓 메시아로 여겼다. 하나님이 아니면서 스스로 하나님이라고 주장한다고 생각했다. 이들은 예수님이 누구인지 제대로 몰랐기 때문에 그분을 죽이려 했다.

예수님을 따르던 모든 사람은 그분에 대해 바로 이해하지 못했다. 큰 무리, 제자들, 예수님을 죽이려 했던 사람들 모두 그분을 오해하고 있었다.

지금 이 시대에도 많은 사람이 예수님을 따른다고 하면서도 정작 그분이 누구인지는 모른다. 나를 축복해 주는 분, 기도하면 들어주는 심부름꾼, 다치거나 상하지 않게 지켜주는 수호 천사 정도로 생각하기도 한다. 그러나 성경은, 예수님은 만민의 구세주이며 창조주 하나님이라고 분명히 말한다.

나는 예수님을 확실히 아는가? 만약 예수님에 대해 착각하고 있다면, 혹은 어렴풋이 알지만 제대로 이해하지 못하고 있다면, 복음서를 차분하게 읽어 보라. 복음서는 예수님의 말씀을 직접 듣고 그분이 행하신 모든 일을 직접 본 사람들이 기록한 책이다. 말씀을 통해 예수님이 누구인지 확실히 이해해야 그분을 올바로 따를 수 있다.

## 2. 바르게 기대하며 따르라 (13-15절)

예수님 당시 사람들은 그분에게 잘못된 기대를 갖고 있었다. 이들은 예수님을 향해 "호산나!"라고 외쳤다. 호산나란 '구원하소서'라는 뜻으로, 이들은 예수님을 구원자로 기대했다. 자신들을 로마의 압제에서 구원하실 분으로 기대했기 때문에 시편 118편을 인용했다.

이들은 종려나무 가지를 흔들었는데 이는 군중의 정치적 열망과 민족주의 정신을 상징하는 것이었다. 사람들은 예수님이 무기를 들고 자신들을 통치하는 로마인을 몰아 내실 것이라고 기대했다. 예수님이 자신들을 로마의 속박에서 해방시킬 군사적 메시아라고 믿었다. 그러나 예수님은 이들이 이해할 수 없는 일을 행하셨다. 예루살렘에 입성한 예수님은 군중이 기대하는 정복자가 아닌 평화의 사자로 오셨다. 군중의 기대는 완전히 빗나갔다.

요한은 스가랴의 예언을 언급한다. 예수님이 오기 5백 년 전,

스가랴는 그분이 행하실 일에 대해 예언했다(슥 9:9). 예수님은 나귀를 타고 예루살렘에 입성하심으로써 자신이 세상 사람들이 생각하는 그런 왕이 아님을 보여 주셨다. 그분은 알렉산더, 칭기즈칸, 나폴레옹, 히틀러처럼 세상을 무력으로 정복하기 위해서가 아니라 영적으로 구원하기 위해 오셨다. 예수님은 이스라엘 사람들이 기대하는 메시아가 아니었다. 예수님에 대해 잘못된 기대를 갖고 있었던 것은 그분과 3년 반 동안 함께한 제자들도 마찬가지였다. 이들 역시 예수님이 이스라엘의 왕이 되기를 기대하며 그분을 따랐다. 예수님이 왕으로 통치하면 한자리 얻을 수 있다고 생각한 것이다. 야고보와 요한은 예수님에게 나중에 왕이 되면 하나를 우편에 하나를 좌편에 앉게 해 달라고 부탁하기도 했다(막 10:35-37).

우리 역시 잘못된 기대로 예수님을 따를 수 있다. 하나님이 복을 주실 것이라는 기대로 예배를 드린다. 물질적으로 풍족하게 채워 주실 것이라는 기대를 갖고 헌금 생활을 한다. 하나님이 내 자녀를 좋은 학교에 진학하게 해 주실 것을 기대하며 봉사에 열심을 낸다. 그러나 이 모두가 버려야 할 잘못된 기대이다.

나는 어떤 기대를 가지고 예수님을 따르는가? 예수님을 통해 얻고자 하는 개인적인 이익을 숨기고 있지는 않은가? 우리는 잘못된 기대를 가지고 예수님을 따르다가 실망하곤 한다. 예수님에게 실망하고 교회에 실망하고 결국 주님을 떠나는 사람도 있다. 하지만 그것은 전적으로 내 책임이다. 예수님을 바르게 알고 그분에 대한 바른 소망을 품자. 그래야 끝까지 따를 수 있다.

## 3. 바른 동기로 따르라 (17-19절)

큰 무리는 각자 다른 동기로 예수님을 따랐다. 첫째, 자신의 이익을 위해 따르는 사람들이 있었다. 이들은 이적과 기적을 행하는 예수님이 주실 이익을 기대했다. 오늘날에도 많은 사람이 사업 성공, 성적 향상, 물질적 축복 등 삶의 윤택함을 위해 예수님을 따른다. 예수님에게서 영생과 축복, 보호를 기대하는 것 자체가 잘못은 아니지만, 신앙이 성장할수록 이것이 주님을 따르는 본질적 이유가 되어서는 안 된다. 예수님과의 관계가 깊어지면 초보 단계에서 벗어나 다음 단계로 가야 한다.

둘째, 의무감에서 예수님을 따르는 사람들이 있었다. 예수님 당시 바리새인들은 하나님을 의무적으로 따랐다. 책임감과 의무감으로 예배를 드리고 선을 행했다. 물론 책임감과 의무감 역시 신앙생활에서 중요한 부분이지만, 이것만으로 예수님을 따른다면 율법적 신앙을 갖게 된다. 신앙이 성장할수록 의무감이 아닌 기쁨과 감격으로 주님을 따라야 한다.

셋째, 감사한 마음으로 예수님을 따르는 사람들이 있었다. 예수님은 죽은 나사로를 살리셨다. 나사로처럼 큰 은혜를 경험한 사람들은 잊을 수 없는 감동과 감사 때문에 그분을 따랐다. 오늘날에도 많은 사람이 예수님으로부터 받은 축복에 감사해서 그분을 따른다. 병을 낫게 해 주셔서, 막힌 길을 열어 주셔서 등 다양한 간증이 있다. 그러나 받은 축복 때문에 예수님을 따르는 사람들은 그 축복이 사라졌다고 느끼면 언제든 주님을 떠날 수 있다. 신앙이 성장하면 다음 단계로 가야 한다.

넷째, 사명 때문에 예수님을 따르는 사람들이 있었다. 예수님의 제자들은 그분으로부터 사명을 받았다. 베드로는 사람을 낚는 어부가 되라는 사명을 받았다. 이 사명을 받은 후 온 삶을 바쳐 예수님을 따르는 사람이 되었다. 오늘날에도 예수님이 주신 사명을 이루기 위해 주님을 따르는 사람들이 있다. 이 역시 예수님을 따르는 본질적인 이유는 아니다. 신앙이 성장하면 다음 단계로 가야 한다.

마지막으로, 사랑 때문에 예수님을 따르는 사람들이 있었다. 예수님의 사랑을 직접 경험한 이들은 다른 목적 없이 오직 그분을 사랑하기 때문에 따랐다. 누가복음 7장 36-50절에 죄 많은 여인의 이야기가 나온다. 예수님이 바리새인의 집에 계실 때 죄 많은 한 여인이 비싼 향유를 가지고 와서 주님의 발에 부었다. 이를 본 누군가는 이렇게 물었을지도 모른다. "왜 비싼 향유를 그런 식으로 낭비합니까?" 그러면 여인은 이렇게 대답했을 것이다. "예수님처럼 저를 진실하게 사랑해 주신 분은 아무도 없었습니다. 제가 이렇게 하는 이유는 오직 예수님의 사랑 때문입니다."

누가복음 23장 50-53절에는 아리마대 사람 요셉의 이야기가 나온다. 그는 예수님이 돌아가신 후 빌라도에게 가서 시체를 달라고 요청했다. 그러고는 세마포에 싸서 새 무덤에 넣었다. 그때 누군가 이렇게 물었을 수 있다. "종교 지도자들에게 무슨 해를 당하려고 그렇게 위험한 일을 했습니까?" 그러면 그는 이렇게 답했을 것이다. "이제까지 저를 위해 죽어 준 사람은 아무도 없었습니다. 그런데 예수님은 저를 사랑해서 저를 위해 돌아가셨습니다. 제가 이렇게 한 이유는 오직 예수님의 사랑 때문입니다."

예수님을 따르는 데에는 이익, 의무, 감사, 사명 등 다양한 동기가 있다. 그러나 무엇보다 예수님께 받은 사랑 때문에 그분을 사랑하고 따라야 한다. 내가 예수님을 따르는 이유는 무엇인가? 개인적 이익 때문인가? 혹은 하나님에 대한 의무 때문인가? 그분에 대한 사랑 때문에 예수님을 따르는 것이 아니라면, 가장 좋은 동기를 놓치고 있는 셈이다.

———

95세 사람들을 대상으로 설문 조사를 했다. "처음부터 다시 인생을 살 수 있다면 어떤 부분에 초점을 맞추겠습니까?" 가장 많은 사람이 선택한 답은 "위험을 더 많이 감수하라. 안전하게 살지 말라"는 것이었다. 두 번째 답은 "더 많이 생각하고, 행동하는 속도를 늦춰라"였다. 세 번째 대답은 "영원히 지속될 것에 내 삶을 투자하라"였다.

95세가 되어 후회하지 않으려면 예수님이 가신 십자가의 길을 따라야 한다. 그러기 위해서는 안전하게 살려고 하지 말고, 위험을 감수하더라도 주님이 인도하시는 길을 가야 한다. 무언가를 더 많이 성취하기 위해 쫓기듯 살지 말고, 하나님과 깊이 대화하는 데 시간을 내야 한다. 또 이 세상을 위해 살지 말고, 영원한 것에

한 번뿐인 인생을 투자해야 한다.

예수님을 바로 이해하고, 예수님에 대한 바른 기대를 가지고, 무엇보다 사랑 때문에 예수님을 따라야 한다. 이것이 참된 제자로서의 삶이다.

내가 예수님을 따르는 이유는 무엇인가? 개인

적 이익 때문인가? 혹은 하나님에 대한 의무

때문인가?

# 13장
# 세족식 이야기

요한복음 13:1-5, 12-17

1 유월절 전에 예수께서 자기가 세상을 떠나 아버지께로 돌아가실 때가 이른 줄 아시고 세상에 있는 자기 사람들을 사랑하시되 끝까지 사랑하시니라

2 마귀가 벌써 시몬의 아들 가룟 유다의 마음에 예수를 팔려는 생각을 넣었더라

3 저녁 먹는 중 예수는 아버지께서 모든 것을 자기 손에 맡기신 것과 또 자기가 하나님께로부터 오셨다가 하나님께로 돌아가실 것을 아시고

4 저녁 잡수시던 자리에서 일어나 겉옷을 벗고 수건을 가져다가 허리에 두르시고

5 이에 대야에 물을 떠서 제자들의 발을 씻으시고 그 두르신 수건으로 닦기를 시작하여

12 그들의 발을 씻으신 후에 옷을 입으시고 다시 앉아 그들에게 이르시되

   내가 너희에게 행한 것을 너희가 아느냐

13 너희가 나를 선생이라 또는 주라 하니 너희 말이 옳도다 내가 그러하다

14 내가 주와 또는 선생이 되어 너희 발을 씻었으니 너희도 서로 발을 씻어

   주는 것이 옳으니라

15 내가 너희에게 행한 것 같이 너희도 행하게 하려 하여 본을 보였노라

16 내가 진실로 진실로 너희에게 이르노니 종이 주인보다 크지 못하고 보냄

   을 받은 자가 보낸 자보다 크지 못하나니

17 너희가 이것을 알고 행하면 복이 있으리라

자신이 곧 십자가에 달릴 것을 안 예수님은 제자들에게 참된 제자가 되기 위한 길을 말씀하셨다. 자기를 부인하고, 날마다 십자가를 지며, 예수님을 따르는 길이었다(눅 9:23). 예수님은 십자가를 지기 위해 골고다를 향해 가고 계셨다. 그러면서 제자들도 이처럼 십자가를 지고 그분을 따라야 한다고 말씀하셨다. 예수님은 평생 십자가를 향해 가는 삶을 사셨다. 십자가에 초점을 맞추고, 그곳에서 이룰 목표를 향해 가셨다. 십자가를 지기 전, 생의 마지막에 했던 일 중 하나가 바로 제자들의 발을 씻기신 것이다. 만약 한 나라의 대통령이 보좌관들의 발을 씻어 주었다고 하면 어떨까? 그 자체로 엄청난 뉴스가 될 것이다. 그런데 대통령과 비교조차 할 수 없는 만물의 창조자 예수님이 그 일을 하셨다.

예수님과 제자들이 유월절 식사를 위해 모였다. 갑자기 예수님이 자리에서 일어나 겉옷을 벗고 수건을 가져다가 허리에 두르셨다. 그리고 대야에 물을 떠서 제자들의 발을 씻기고, 두른 수건으로 닦아 주셨다. 이것이 바로 예수님이 십자가에 달리기 직전에 하신 일이다. 이 일을 통해 예수님은 매우 중요한 예를 보여 주셨다.

### 1. 사랑으로 섬겨라 (1절)

예수님이 제자들의 발을 씻기신 것은 사람들에게 보이기 위해서가 아니었다. 오직 제자들을 사랑해서였다. 다른 사람을 섬겨야 하는 유일한 이유는 사랑이다. 예수님은 제자들을 모든 면에서 완전하게 사랑하셨다. "사랑하시되 끝까지 사랑하시니라"라는 말씀이 이를 증명한다. 제자들이 사랑받을 만해서 사랑하신 것이 아니다. 예수님은 제자들이 얼마나 이기적인지 아셨다. 그분을 부인하고 떠나리라는 것도 이미 아셨다. 그런데도 끝까지 사랑하셨다. 이것이 바로 예수님이 모두에게 주신 사랑이다.

우리 역시 사랑받을 만한 사람들이 아니다. 예수님은 우리가 어떤 사람인지 우리 자신보다 더 잘 아신다. 감추고 싶은 더러운 생각들을 모두 아시며, 때로는 믿음 없는 말과 행동으로 예수님을 부인한다는 것도 아신다. 그러나 끝까지 사랑하신다. 예수님의 완전한 사랑으로 인해 우리는 모두 사랑에 빚진 자이다. 조건 없이 받은 사랑을 흘려 보내기 위해 우리 역시 다른 사람들을 사랑하며 섬겨야 한다.

그러나 우리는 가끔씩 다른 이유로 사람들을 사랑하고 섬긴다. 하나님이 아닌 사람에게 인정받기 위해 사랑하고, 이후에 받을 보상을 기대하며 섬긴다. 무의식 중에 '내가 지금 이 사람을 섬기면 나중에 이 사람도 나를 섬겨 주겠지'라고 계산하기도 한다. 하지만 우리가 누군가를 섬기는 이유는 오직 예수님의 사랑이어야 한다. 그분에게 조건 없는 사랑을 넘치도록 받았기 때문에 다른 사람을 사랑하고 섬겨야 한다.

예수님을 잘 믿는다고 하면서 주변 사람에게는 무례한 경우를 종종 본다. 이는 성도로서의 바른 삶이 아니다. 경건한 모습으로 예배 드린 다음 집에 가서 배우자나 자녀를 함부로 대한다면 진정한 예배자가 아니다. 주일은 거룩하게 지키지만 월요일부터 시작되는 직장 동료들과의 관계에서 이기적으로 군다면 예수님의 제자라고 할 수 없다. 순수하고 온전한 사랑으로 섬길 때 세상은 우리에게서 예수님을 볼 것이다.

## 2. 구체적으로 섬겨라 (4-5절)

예수님 당시 사람들은 집에 오면 발을 닦았다. 그들은 샌들을 신고 포장되지 않은 도로를 걸었기 때문에 항상 발이 더러웠다. 그래서 누구나 집에 오면 가장 먼저 발부터 씻었다. 더구나 예수님 당시 문화에서는 한쪽으로 반쯤 누운 자세로 식사를 했는데, 그 자세에서는 앞 사람의 발과 뒷사람의 얼굴이 가까울 수밖에 없었다. 그래서 손님이 오면 집 주인은 하인을 시켜 발을 씻어 주는 것이 예의였다. 요즘으로 치면 집 주인이 손님의 외투를 받아서 걸어 주는 것과 비슷하다.

예수님과 제자들이 마지막 식사를 하던 날도 모두의 발이 더러운 상태였다. 하지만 제자들은 더러운 발에 관심이 없었다. 다같이 먹는 데 집중할 뿐이었다. 그때 예수님이 잡수시던 자리에서 일어나 제자들의 더러운 발을 씻기셨다. 예수님은 제자들을 현실적인 방법으로 섬기셨다.

예수님이 제자들의 발을 씻기신 것은 대단한 일은 아니지만 꼭 필요한 일이었다. 다들 하고 싶어하지 않지만 누군가는 해야 하는 일이었다. 예수님은 아무도 하지 않는 일을 하셨다.

이런 섬김을 본받아야 한다. 사람들은 섬기는 일을 부담스러워

한다. 큰돈을 후원하고 특정 기관을 방문하는 등의 거창한 일로 생각하기 때문이다. 하지만 진정한 섬김은 오히려 사소하고 일상적일 수 있다. 무거운 짐을 들어 주고, 자리를 양보하는 것이 섬김이다. 슬퍼하는 친구를 위로하고, 좋은 일이 생긴 누군가를 축하하는 것도 섬기는 일이다. 우리가 섬겨야 할 대상과 방법은 생각보다 가까이 있으며 매우 구체적이다. 그럼에도 섬김은 여전히 어려운 숙제다. 그럴 때는 솔직하게 묻는 것도 좋은 방법이 될 수 있다. "제가 어떻게 도와드릴까요?" "무엇을 위해 기도해 드릴까요?"

다른 사람의 필요를 찾아서 구체적인 방법으로 돕는 것이 예수님이 보이신 섬김의 모습이다.

## 3. 지금 있는 곳에서 섬겨라 (12-15절)

흔히 섬김이라고 하면 대단한 것을 떠올린다. 해외 선교를 나가야 할 것 같고, 어려운 사람을 찾아서 도와야 할 것 같다. 이것들은 섬김에 대한 선입견이다. 섬김의 종류는 매우 다양하다. 예수님이 우리에게 보여 주신 섬김은 있는 자리에서 할 수 있는 일을 하는 것이었다. 예수님은 돌아가시기 직전에 제자들의 발을 씻기는 섬김의 본을 보여 주셨다.

섬김의 자리와 대상은 정해져 있지 않다. 우리가 있는 곳이 섬겨야 하는 곳이며, 내 옆에 있는 사람이 섬겨야 할 대상이다. 집에서는 가족을 섬기고, 직장에서는 동료를 섬기면 된다. 동네에서는 이웃을 섬기고, 교회에서는 옆에 있는 성도를 섬기면 된다. 가끔씩 주변 사람은 돌아보지 않으면서, 연중 행사처럼 가는 해외 선교를 자랑 삼아 말하는 이들이 있다. 그러나 섬김은 매일의 일상 속에서 계속되어야 하며 내 주변에서부터 실천해야 한다. 배우자를 존중하고 자녀를 바르게 양육하며 직장에서 동료의 수고를 돕고 있다면, 이미 일상에서 섬김을 실천하고 있는 것이다. 주일에 교회에서 봉사하는 것만이 섬김이 아니다. 우리가 살아가는 일상의 터전이 섬김의 자리가 되어야 한다. 시장에서 만나는 분들을 정중하게 대하고, 관공서에서 일을 볼 때 내 차례가 빨리 돌아오지 않는다고 투덜대지 않는 것도 일상생활에서 실천하는 섬김이다.

많은 경우 가까운 사람을 섬기기가 가장 어렵다. 서로 잘 알고 이해관계가 얽혀 있기 때문이다. 하지만 지금 있는 곳에서부터 봉사의 수건을 두르고 섬김의 반경을 점점 넓혀 가야 한다. 처음부터 거창한 섬김을 계획하면 계속 나중으로 미루게 될 뿐이다. 바로 옆 사람을 섬기지 못하면 아무도 섬길 수 없다. 지금 내가 만나는 사람들의 사소한 필요를 알아차리는 것, 그것이 섬김의 시작이다.

---

이전부터 알고 지내던 집사님이 있다. 교회 청소도 열심히 하고 목회자와 교인들을 늘 살피는 분이었다. 이분이 장로가 되었는데 어느 순간부터 크고 작은 섬김의 일들을 하지 않으셨다. 그래서 "요즘은 왜 예전처럼 사람들을 챙기지 않으십니까?"라고 묻자 이렇게 대답하셨다. "이제 장로가 되었으니까요. 섬기는 일은 집사

때나 하는 것이지요."

이 일화는 교회에 안에 자리 잡은 잘못된 생각을 여실히 보여 준다. 섬김은 집사의 일이고 장로는 섬기지 않아도 되는가? 섬김은 예수님의 모든 제자가 받은 사명이다. 그런데도 어떤 사람들은 목사, 장로, 집사 등의 직분을 서열로 여기고, 그 서열에 따라 섬김을 받으려 한다. 이는 예수님이 가르치신 삶과 반대된다.

필자의 교회는 예수님이 가르치신 대로 살려고 애쓴다. 그 예로 식사 시간에는 어린 아이, 여자 성도, 남자 성도, 직분자, 교역자 순으로 줄을 선다. 작은 일부터 지금 있는 곳에서부터 섬김을 실천해야 한다.

섬기는 일이 중요해 보이지도 대단해 보이지도 않을 수 있다. 다른 사람을 위해 문을 열어 주고, 지나가는 이웃에게 친절한 인사를 건네며, 길에 떨어진 쓰레기를 줍는 것이 대단한 일은 아니지만, 이런 모습 속에서 예수님의 섬김이 드러난다.

기회가 없어서 섬기지 못한다는 것은 핑계이다. 눈과 귀를 열고 섬길 수 있는 기회를 찾아야 한다. 예수님의 예를 본받아 일상에서 섬김의 기회를 포착해야 한다. 예수님은 "내가 진실로 진실로 너희에게 이르노니 종이 주인보다 크지 못하고 보냄을 받은 자가 보낸 자보다 크지 못하나니 너희가 이것을 알고 행하면 복이 있으리라"라고 말씀하셨다(요 13:16-17). 예수님이 제자들을 섬기셨던 것처럼 그분의 제자라면 마땅히 다른 사람들을 섬겨야 한다. 그런 섬김을 실천할 때 조금씩 예수님을 닮아가는 축복을 누리게 될 것이다.

# 14장
# 성령님 이야기

## 요한복음 16:5-15

5  지금 내가 나를 보내신 이에게로 가는데 너희 중에서 나더러 어디로 가
   는지 묻는 자가 없고

6  도리어 내가 이 말을 하므로 너희 마음에 근심이 가득하였도다

7  그러나 내가 너희에게 실상을 말하노니 내가 떠나가는 것이 너희에게 유
   익이라 내가 떠나가지 아니하면 보혜사가 너희에게로 오시지 아니할 것
   이요 가면 내가 그를 너희에게로 보내리니

8  그가 와서 죄에 대하여, 의에 대하여, 심판에 대하여 세상을 책망하시리라

9  죄에 대하여라 함은 그들이 나를 믿지 아니함이요

10 의에 대하여라 함은 내가 아버지께로 가니 너희가 다시 나를 보지 못함
   이요

11 심판에 대하여라 함은 이 세상 임금이 심판을 받았음이라

12 내가 아직도 너희에게 이를 것이 많으나 지금은 너희가 감당하지 못하
   리라

13 그러나 진리의 성령이 오시면 그가 너희를 모든 진리 가운데로 인도하시
   리니 그가 스스로 말하지 않고 오직 들은 것을 말하며 장래 일을 너희에
   게 알리시리라

14  그가 내 영광을 나타내리니 내 것을 가지고 너희에게 알리시겠음이라

15  무릇 아버지께 있는 것은 다 내 것이라 그러므로 내가 말하기를 그가 내

     것을 가지고 너희에게 알리시리라 하였노라

누구나 인생의 갈림길에서 중요한 선택을 한 경험이 있다. 어느 학교를 갈지, 어떤 직장을 잡아야 할지, 누구와 결혼할지…. 사실 우리는 날마다 선택의 갈림길에서 끊임없이 고민하고 수많은 결정을 내린다. 크고 작은 선택들 앞에서 무엇을 기준으로 결정해야 할까? 물론 하나님의 말씀이 기준이 되어야 한다는 것을 안다. 말씀을 삶의 나침반으로 삼아야 한다고 믿는다. 하지만 성경 어디에도 어디로 이사를 가면 좋을지, 어떤 계약을 선택해야 하는지 쓰여 있지 않다. 그렇기 때문에 무언가를 현명하게 결정한다는 것은 여전히 어렵고 막막한 숙제이다.

대부분 경우 우리의 선택은 옳은 것과 그른 것, 선과 악을 가르는 문제가 아니다. 많은 선택지 중 더 나은 미래를 위해 무엇을 고를까 하는 문제에 가깝다. 어떻게 선택하는가 따라 1년, 5년 길게는 10년 후의 삶이 달라질 수 있다. 결과를 전혀 예측할 수 없는 상태에서 무언가를 결정해야 한다는 것이 부담스러울 뿐 아니라 두렵기도 하다. 하나님이 원하시는 가장 좋은 길이 무엇인지 알 수 있으면 얼마나 좋을까? 어느 것을 선택해야 후회하지 않을지 조언해 줄 사람이 있다면 얼마나 든든할까? 하나님이 "이 문으로 들어가지 말고, 저 문을 통해 들어가라!"라고 직접 말씀해 주신다면 얼마나 명쾌할까?

성경은 성령님이 그분의 자녀를 인도하신다고 말한다. 성령님이 이미 우리의 길을 인도하고 계심을 믿는가? 영적으로 깨어 있는 사람은 성령님의 인도와 역사를 느낄 수 있다. 말씀 앞에 깨어 있지 않으면 성령님이 친히 말씀하고 인도하셔도 그것을 알 수 없다. 우리는 성령님의 인도에 민감해야 한다.

십자가에 못 박히기 전, 예수님은 이 땅을 떠날 시간이 다가왔음을 아셨다. 그래서 제자들에게 한 가지 약속을 주셨다. 예수님 자신은 이 땅을 떠나지만 성령님을 보내 주겠다는 약속이었다. 그리고 어떻게 하면 성령님을 통해 가장 좋은 결정을 할 수 있는지 알려 주셨다.

### 1. 성령님의 임재에 민감하라 (5-7절)

예수님은 동고동락했던 제자들에게 자신이 곧 이 세상을 떠날 것이라고 말씀하셨다. 제자들의 마음은 슬픔과 걱정으로 가득 찼다. 예수님은 그런 제자들에게 한 가지 약속을 하셨는데, 다른 '보혜사'를 보내 주실 것이라는 약속이었다. 보혜사는 성령을 뜻한다. 헬라어에서 보혜사는 '옆에 와서 도와주는 분'이라는 뜻이다. 제자들과 함께 거하는 동안에는 예수님이 직접 보혜사가 되었지만 이제는 떠나셔야 했다. 제자들은 예수님이 떠나신다는 사실이 너무 슬펐다. 하지만 이는 장차 어떤 일이 일어날지 몰랐기 때문이다.

예수님이 육신의 몸으로 사는 동안에는 제자들 옆에 계실 수 있었지만 분명히 제한이 있었다. 그러나 영이신 성령님은 제한을 받지 않으신다. 성령님이 오신 후에는 언제 어디서나 누구나 성령님과 함께할 수 있었다. 부활한 주님이 이 땅에 보혜사를 보내 주셔서 제자들은 날마다 성령님과 동행할 수 있었다.

구약 시대의 성령님은 특정한 사람에게 임하여 그들 가운데 역사하셨다. 그리고 특별한 사역이 끝나면 그들을 떠나셨다. 하지만 예수님이 승천 후 보내 주신 성령님은 예수님을 믿는 모든 사람 가운데 임하신다. 절대로 그들을 떠나지 않고 그들 안에서 역사하신다. 성도는 그분을 떠나서는 살 수 없다.

성령님과의 관계가 단절된 채 사는 경우도 있다. 자신이 원하는 길을 고집할 수도 있고, 끝까지 주님을 외면할 수도 있다. 그런 사람은 결국 성령님과 관계없이 살게 된다. 이것이 라오디게아 교회 성도들이 행한 일이다. 그들은 이미 예수님을 영접했고 그들 안에 성령님이 거하셨지만, 그럼에도 성령님을 무시하며 살았다. 그래서 예수님은 그들에게 마음 문을 열고 그분을 삶 가운데 모시라고 말씀하신 것이다. 그러면 예수님이 그들과 더불어 먹을 것이다(계 3:20).

예수님은 그분을 믿는 모든 사람에게 성령님을 보내 주셨다. 그런데 많은 그리스도인이 성령님을 무시하며 마음대로 산다. 무슨 일이 생기면 자기 생각대로 예단해서 성령님의 역사를 경험하지 못한 채 잘못된 결정을 내리고 만다. 라오디게아 교회 사람들처럼 말이다.

우리 안에는 성령님이 계시고 그렇기 때문에 성령님의 인도를 따라 살 수 있다. 성령님이 주시는 지혜로 어떤 일이든 결정할 수 있다. 그러나 성령님의 임재에 민감하지 않으면, 그분이 아무리 말씀하시고 길을 인도해 주셔도 알 수 없다. 따라서 날마다 말씀

가운데 거하며 성령님의 말씀에 귀 기울여야 한다. 성령님의 임재에 민감할 때 우리의 생각이 아닌 성령님이 인도하시는 대로 결정할 수 있다.

## 2. 성령님의 책망에 민감하라 (8-11절)

예수님은 성령님이 죄와 의에 대하여, 심판에 대하여 세상을 책망할 것이라고 말씀하셨다. 성령님은 예수님을 믿지 않는 사람들의 죄에 대해 책망하시고, 예수님의 의로우심에 대해 증거하신다. 또 장차 올 심판에 대해 경고하면서 사람들이 예수님을 믿도록 도우신다. 뿐만 아니라 믿는 사람들이 범하는 죄에 대해 책망하면서 그들이 성화된 삶을 살도록 도우신다.

성령님이 주시는 책망과 사탄이 주는 죄책감을 오해하는 사람이 많다. 성령님은 하나님의 자녀들이 잘못된 길로 갈 때 그들을 책망하지만, 죄를 고백하여 용서받고 다시 하나님과 교제하도록 도우신다. 그러나 사탄은 죄책감을 통해 하나님의 자녀들을 멸망의 길로 이끈다.

많은 그리스도인이 이미 회개하고 용서받은 죄에 대해 여전히 죄책감을 갖고 산다. 이는 결코 성령님이 주시는 마음이 아니다. 우리가 성령님의 책망을 듣고 회개하면, 하나님은 용서하고 다시는 그것을 들추지 않으신다. 하지만 사탄은 하나님의 자녀들을 넘어뜨리기 위해 계속해서 죄책감으로 자극한다. "하나님은 너의 죄를 결코 용서하지 않으실 거야! 너와 하나님의 관계는 이제 끝났어!"라고 속삭인다. 이것은 절대 사실이 아니다. 죄에 대해 회개하고 용서받았다면 다시는 죄책감을 느끼지 않아도 된다. 따라서 우리는 사탄이 하나님의 자녀들을 넘어뜨리려고 주는 죄책감은 털어내고, 성령님이 죄에 대해 책망하시는 것에는 민감해야 한다.

우리가 죄를 범하면 성령님은 어떻게 책망하시는가? 기도할 때, 죄에 대해 깨닫도록 우리 마음을 책망하신다. 성경을 읽거나 설교를 들을 때, 말씀을 통해 책망하신다. 목사 같은 영적 리더들의 말을 통해서도 죄에 대해 깨닫게 하신다. 물론 어리석은 사람은 성령님의 책망을 거부한다. 설교나 다른 사람의 조언을 들어도 "제대로 알지도 못하면서 함부로 간섭하네"라고 불쾌해 하면서 죄의 찔림을 무시한다. 이처럼 성령님의 역사를 거절하는 사람은 점점 그분의 인도에 둔감해질 것이다.

성령님의 책망을 깨닫기 위해서는 말씀과 기도로 깨어 있어야 한다. 눈과 귀가 어두워서 그분의 말씀을 듣지 못할 수 있기 때문이다. 우리를 선한 길로 인도하시는 성령님의 따뜻한 책망에 민감하게 반응할 수 있도록 영적 습관을 게을리하지 말자.

## 3. 성령님의 인도에 민감하라 (12-15절)

누구나 자신의 미래를 걱정한다. 그리고 인생의 중요한 갈림길에서 더 좋은 선택을 하기 위해 많은 고민을 한다. 삶의 중요한 순간마다 누군가가 가장 좋은 길을 알려 주면 좋겠다는 생각을 수없이 한다. 그러나 예수님은 성령님을 통해 이미 우리를 인도하고 계신다. 그럼에도 불구하고 많은 그리스도인이 중요한 결정을 할 때마다 다양한 방법으로 가장 좋은 길을 찾으려 애쓴다. 전문가에게 조언을 구하기도 하고, 여러 가지 정보를 모으기도 한다. 심지어 무당이나 점쟁이를 찾아가 어떤 선택을 해야 할지 묻기도 한다.

예수님은 성령님이 우리의 길을 인도할 것이라고 약속하셨다. 그렇기 때문에 선택의 기로에 있을 때 가장 먼저 해야 할 일은 기도이다. "하나님, 저를 가장 좋은 길로 인도해 주세요. 제가 원하는 길이 아니라 하나님이 원하시는 가장 좋은 길을 선택하도록 도와주세요." 내 생각이 아니라 성령님의 인도를 따라 결정하게 해달라고 기도할 때, 성령님은 우리를 가장 좋은 길로 인도하신다.

그렇다면 어떻게 성령님께 인도받을 수 있을까? 성령님은 어떻게 그분의 뜻을 깨닫게 하시는가? 물론 말씀과 기도를 통해, 혹은 다른 믿음의 사람들을 통해 인도하신다. 주위 환경을 통해 인도하기도 하신다. 어떤 경우에는 닫힌 문을 열어 주고, 열린 문을 닫음으로써 인도하신다(계 3:7). 그래서 하나님의 인도를 기다릴 때에는 하나님이 문을 열어 주시는지 잘 살펴야 한다. 또한 문이 열렸을 때 하나님이 열어 주신 것인지 확인해야 한다. 하나님이 여신 길이 아닐 수도 있고, 축복의 길이 아닐 수도 있기 때문이다.

하나님이 인도하신 길인지 확인하기 위해 필요한 몇 가지 질문이 있다.

첫째, 그 결정이 말씀과 일치하는지 물어야 한다. 하나님의 뜻은 그분의 말씀과 항상 일치한다. 말씀이 요구하는 것은 하고, 허락하지 않는 길은 가지 말아야 한다. 그러면 성경 말씀에 정확히 기록되지 않은 것들에 대해서는 어떻게 결정해야 하는가? 이럴 때 두 번째 질문을 해야 한다.

둘째, 이 결정을 통해 하나님께 더 가까이 나아갈 수 있는지 물어야 한다. 이는 매우 중요한 질문이다. 이 직장을 택하면 내가 하나님께 더 가까이 나아갈 수 있는가? 이 사람을 사귀면 내가 하나님께 더 가까이 나아갈 수 있는가? 이 집으로 이사하면 내가 하나님께 더 가까이 나아갈 수 있는가?

셋째, 이 결정을 통해 하나님께 영광을 드릴 수 있는지 물어야 한다. 성령님이 오신 이유는 예수님의 영광을 나타내기 위해서이다. 그러므로 무엇을 결정할 때 어떤 결정이 예수님께 영광을 돌릴 수 있는지 생각해야 한다.

중요한 선택 앞에 있다면, 이 세 가지 질문을 통해 어떤 문이 하나님이 열어 주시는 문인지 충분히 살핀 후 결정해야 한다. 날마다 성령님의 음성에 귀 기울이며 그분의 인도에 민감하게 반응하여, 하나님이 열어 주시는 가장 좋은 길을 그분과 함께 걸을 수 있기를 기도한다.

———

예수님은 우리에게 성령님이 오실 것이라고 약속하셨다. 그런데 성령님의 역사는 오순절파 교인들만 믿는 것이라고 오해하는 사람들이 있다.

예수님의 약속대로, 2천 년 전 오순절에 그분을 믿는 모든 사람 가운데 성령님이 오셨다. 오늘날에도 성령님은 예수님을 믿는 모든 사람 안에 거하며 그들 가운데 역사하신다. 그러므로 모든 그리스도인은 성령님의 임재와 책망, 인도에 민감해야 한다. 이것이 성령 충만한 삶이며 그런 삶을 살 때 하나님이 기뻐하시는 선택을 할 수 있다.

※ 성령님의 역사에 대해 더 알기 원한다면 필자의 책 <그리스도인이여, 성령에 이끌려 살라!>(예수전도단, 2022)를 참고하라.

# 15장
# 빌라도 이야기

요한복음 18:28-40

28  그들이 예수를 가야바에게서 관정으로 끌고 가니 새벽이라 그들은 더럽
    힘을 받지 아니하고 유월절 잔치를 먹고자 하여 관정에 들어가지 아니하
    더라

29  그러므로 빌라도가 밖으로 나가서 그들에게 말하되 너희가 무슨 일로
    이 사람을 고발하느냐

30  대답하여 이르되 이 사람이 행악자가 아니었더라면 우리가 당신에게 넘
    기지 아니하였겠나이다

31  빌라도가 이르되 너희가 그를 데려다가 너희 법대로 재판하라 유대인들
    이 이르되 우리에게는 사람을 죽이는 권한이 없나이다 하니

32  이는 예수께서 자기가 어떠한 죽음으로 죽을 것을 가리켜 하신 말씀을
    응하게 하려 함이러라

33  이에 빌라도가 다시 관정에 들어가 예수를 불러 이르되 네가 유대인의
    왕이냐

34  예수께서 대답하시되 이는 네가 스스로 하는 말이냐 다른 사람들이 나
    에 대하여 네게 한 말이냐

35  빌라도가 대답하되 내가 유대인이냐 네 나라 사람과 대제사장들이 너를

내게 넘겼으니 네가 무엇을 하였느냐

36 예수께서 대답하시되 내 나라는 이 세상에 속한 것이 아니니라 만일 내 나라가 이 세상에 속한 것이었더라면 내 종들이 싸워 나로 유대인들에게 넘겨지지 않게 하였으리라 이제 내 나라는 여기에 속한 것이 아니니라

37 빌라도가 이르되 그러면 네가 왕이 아니냐 예수께서 대답하시되 네 말과 같이 내가 왕이니라 내가 이를 위하여 태어났으며 이를 위하여 세상에 왔나니 곧 진리에 대하여 증언하려 함이로라 무릇 진리에 속한 자는 내 음성을 듣느니라 하신대

38 빌라도가 이르되 진리가 무엇이냐 하더라 이 말을 하고 다시 유대인들에게 나가서 이르되 나는 그에게서 아무 죄도 찾지 못하였노라

39 유월절이면 내가 너희에게 한 사람을 놓아 주는 전례가 있으니 그러면 너희는 내가 유대인의 왕을 너희에게 놓아 주기를 원하느냐 하니

40 그들이 또 소리 질러 이르되 이 사람이 아니라 바라바라 하니 바라바는 강도였더라

"침묵은 금이다"라는 말이 있다. 하지만 누군가가 나를 거짓으로 정죄할 때 변호하지 않고 침묵을 지키는 것은 쉬운 일이 아니다. 예수님은 사람들이 그분에 대해 거짓 증언을 할 때 침묵을 지키심으로써, 근거 없이 모함을 당할 때 어떻게 행동해야 하는지 보여 주셨다.

예수님은 침묵을 통해, 가장 좋은 대답은 논리적 이치로 설명하는 것이 아님을 가르쳐 주셨다. 하지만 이것은 쉽지 않다. 누군가가 나를 거짓으로 공격하면 당장 말로 싸우고 싶은 유혹을 받는다. 그러면 대부분의 경우 함부로 말하는 그 사람보다 나은 모습을 보이지 못하고, 오히려 그들의 거짓 정죄가 옳다는 것을 증명하게 된다. 그들의 정죄가 옳기 때문이 아니라 내가 냉정함을 잃고 침착하게 대응하지 못하기 때문이다. 그러나 예수님은 이런 실수를 범하지 않으셨다.

예수님은 거짓된 증언들로 인해 반역 죄의 누명을 쓰셨다. 그리고 거짓 증인들과 함께 본디오 빌라도 앞에 서셨다. 이때 예수님은 매우 의아한 반응을 보이신다. 사람들의 모함에 아무 말도 하지 않으셨다. 그러나 성경을 자세히 살펴보면, 이 사건은 예수님의 침묵으로 시작되지 않는다.

요한복음 18장에서 예수님은 본디오 빌라도와 대화를 나누셨으나, 19장에서는 빌라도의 질문에 더 이상 답하지 않고 침묵하신다. 그러므로 먼저 예수님이 본디오 빌라도에게 무엇이라고 말씀하셨는지 살펴보아야 한다. 예수님의 침묵은 그분이 먼저 하신 말씀의 문맥에 비추어 이해되어야 하기 때문이다. 예수님의 침묵을 이해하면, 그분이 본디오 빌라도와 모든 사람에게 무엇을 요구하시는지 알 수 있다.

## 1. 예수님에 대해 개인적 결단을 하라 (28-35절)

이 사건이 있기 전, 대제사장 가야바는 예수님에게 그분이 하나님의 아들인지 아닌지 물었다. 이에 예수님은 자신이 하나님의 아들이라고 주장함으로써 신성 모독 죄로 유죄 판결을 받으셨다(막 14:60-65). 유대 율법에 따르면 이에 대한 형벌은 사형이었다. 그러나 대제사장에게는 사형을 집행할 권한이 없었기 때문에, 예수님을 죽이기 위해서는 로마 총독인 본디오 빌라도의 허락을 받아야 했다.

빌라도는 그 시기에 예루살렘에 있었다. 유월절 주간은 유대인들의 민족주의 정서가 고조되고 반란이 일어나기 쉬운 기간이었기 때문이다. 도시를 세밀히 통제하는 임무를 맡은 빌라도와 그의 군대는 발생할 수 있는 모든 긴급 상황을 처리하기 위해 예루살렘에 있었다.

대제사장의 판결이 있은 후, 예수님은 새벽에 빌라도의 관저로 옮겨졌다. 여기서 새벽은 아침 7-8시경을 의미한다. 유대인은 이방인의 관청에 들어가면 7일 동안 성전에 들어갈 수 없었기 때문에, 그곳에 들어가지 않았다. 유월절이 가까웠으므로 부정함 때문에 그 절기에서 제외되는 것을 원하지 않았던 것이다. 그래서 빌라도가 밖으로 나와 물었다. "너희가 무슨 일로 이 사람을 고발하느냐?"

빌라도의 첫 번째 질문은 일반적으로 재판을 시작할 때 하는 것이었다. 빌라도는 로마법의 일반적인 절차에 따라 진행하고 있었으며, 범죄 혐의를 파악하지 않은 채 무조건 형을 선고하지 않았다. 하지만 바른 대답을 찾기 어려웠다. 그는 예수님이 로마법을 어긴 어떤 범죄도 저지르지 않았으며 죄를 뒷받침할 아무 증거도 없다는 사실을 알았기 때문에, 이 사건을 기각하려고 마음먹었다. 빌라도는 유대인들이 예수님을 시기해서 자신에게 끌고 왔다는 사실을 잘 알았다(마 27:18).

빌라도는 예수님의 일에 개입하고 싶지 않았다. 후에 어떤 책임도 지지 않기 위해, 이 일을 유대인의 손에서 끝내려 했다. 그래서 "너희가 그를 데려다 너희 법대로 재판하라"라고 말했다. 그러나 유대 지도자들은 예수님을 로마법 아래로 끌고 가야 했다. 그들에게는 예수님을 죽일 권한이 없었고, 사형 집행을 위해서는 로마의 승인이 반드시 필요했기 때문이다. 그들은 예수님을 죽이기로 작정했지만, 이것이 예수님의 말씀을 응하게 하려는 것임을 알지 못했다(요 3:14; 12:32-33).

유대인들의 태도를 이상히 여긴 빌라도는 예수님을 다시 불렀다. 그러고는 단도직입적으로 물었다. "네가 유대인의 왕이냐?" 그는 제사장들을 믿지 않았기 때문에 예수님에게 솔직한 대답을 구했다. 빌라도가 왕권에 대해 묻자 예수님이 그에게 다시 질문하셨다. "이는 네가 스스로 하는 말이냐 다른 사람들이 나에 대하여 네게 한 말이냐?" 예수님의 질문에 빌라도는 짜증이 났다. 자기는 답을 원했는데 오히려 질문을 받았기 때문이다. 그래서 다시 물었다. "내가 유대인이냐 네 나라 사람과 대제사장들이 너를 내게 넘겼으니 네가 무엇을 하였느냐?" 예수님이 빌라도에게 말씀하신 것이 바로 이것이다. 빌라도는 예수님의 왕권에 대해 물었지만 그에게는 진실을 알고 싶은 마음이 전혀 없었다. 그래서 예수님은 질문을 통해 본디오 빌라도의 거짓된 마음을 노출시키신 것이다. "본디오 빌라도, 당신은 내가 유대인의 왕인지 물었습니다. 이것을 물은 이유는 답을 듣기 원해서입니까? 아니면 다른 사람들이 그렇게 말해서입니까?"

진실되지 않은 질문에 진실되게 대답하려는 것은 시간 낭비다. 예수님은 질문을 통해, 빌라도 역시 예수님을 거짓으로 정죄하는 사람들보다 조금도 나은 것이 없는 사람임을 알게 하셨다. 마음이 부정한 것은 유대 지도자들만이 아니라 빌라도 역시 마찬가지였다. 예수님에 대해 거짓되게 증거하는 사람들은 하나님을 경외하지 않으면서 섬기는 척하는 사람들이었고, 빌라도 역시 진실에는 관심 없으면서 정직하게 심판하는 척하는 사람이었다. 진실에 대한 관심은 없으면서, 그것이 자신의 일이기 때문에 진실을 구하는 척했을 뿐이다.

예수님의 메시지는 마음 속에 있는 것을 드러낸다. 유대인이나 헬라인이나 로마인이나 한국인이나 모두 마찬가지다. 예수님을 통해 우리 마음이 얼마나 오염되어 있는지 깨달아야 한다. 그리고 오염된 마음을 정결하게 만들기 위해, 예수님을 개인적으로 받아들여야 한다. 우리 각자가 예수님에 대해 개인적인 결정을 해야 한다.

필자는 기독교 가정에서 자라지 않았다. 열세 살이 되던 때부터 교회에 나가기 시작했다. 그 후 7년간 교회에 다니면서 하나님에 대해 많은 것을 배웠고 그분의 가르침들을 이해했다. 그러나 개인적으로 하나님께 헌신하지 않았다. 그러던 중 한 친구가 중요한 사실을 말해 주었다. 교회에 나간다고 무조건 그리스도인이 되는 것이 아니고, 머리로 성경을 이해했다고 모두 예수님의 제자가 되는 것이 아니라고…. 친구는 그리스도인이 되기 위해서는 개인적으로 예수님을 구세주로 영접해야 한다고 알려 주었다. 그래서 그날 즉시 예수님을 나의 구세주로 영접하고, 주님을 따르는 삶을 살기로 마음 먹었다.

교회에 출석한다고, 성경의 진리를 이해했다고 예수님의 제자가 되는 것이 아니다. 주님의 제자가 되기 위해서는 그분에 대해 개인적으로 결단하고 내 삶의 구세주로 영접해야 한다.

## 2. 예수님에 대해 내적 결단을 하라 (36-37절)

하나님 나라는 이 세상의 국가 조직이나 정치와는 상관 없는 것이고, 그분의 통치권은 인간의 마음을 다스린다. 그래서 예수님은 그분의 왕국이 이 세상에 속한 것이 아니라고 주장하셨다. 왜냐하면 그분의 나라는 어떤 군사적 지원을 받지도 않고, 어떤 지리적 위치에도 속하지 않기 때문이다. 하지만 예수님은 '왕'이 자신에 대한 적절한 칭호가 될 수 있다는 사실을 부정하지 않으셨다. 그분은 자신의 왕국이 빌라도가 알던 왕국과는 그 기원과 성격이 다르다고 선언하셨다. 따라서 예수님을 섬기는 사람은 힘으로 싸우지 않는다. 그분이 평범한 혁명가였다면 자신에게 죄를 덮어 씌우는 사람들에게 무력으로 저항하셨을 것이다.

빌라도는 그에게 비합리적으로 보였을 추상적인 개념에 대해 논쟁을 벌이려 하지 않고, 다시 중심 질문으로 돌아왔다. "그러면 네가 왕이 아니냐?" 예수님은 빌라도의 결론을 확증함으로 동의하셨다. 그런 다음 진리를 증거하는 것이 자신의 목적임을 선언하시고, 진리에 헌신한 사람은 누구나 자신의 말을 듣게 될 것을 암시하셨다.

예수님의 말씀을 통해 분명히 알 수 있는 것은, 그분이 다른 영역에서 오셨다는 것, 그분의 말씀을 듣지 않는 사람은 진리를 알 수 없다는 것, 빌라도가 정말 진리가 무엇인지 알고 싶었다면 예수님에게 간절히 구했으리라는 것이다. 즉 예수님은 자신을 변호하는 것보다 빌라도에게 호소하는 데 더 관심이 있었다. 예수님은 무죄나 자비를 구하는 것이 아니라, 진리를 인정하라고 호소하셨다.

예수님은 무력으로 그분의 나라를 조직하기 위해 오지 않으셨다. 정치적 나라를 만들기 위해 오지 않으셨다. 그분은 사람들의 마음을 주장하기 위해 이 땅에 오셨다. 주님을 인정하는 모든 사람의 마음을 통치하기 위해 이 세상에 오셨다. 모든 사람의 마음은 치유되어야 한다는 것을 아셨기 때문이다. 빌라도는 예수님의 왕권에 대해 내적 결단을 내려야 했다. 알렉산드르 솔제니친 Aleksandr Solzhenitsyn은 "선과 악을 가르는 선은 정치나 이데올로기 사이에 있는 것이 아니고 모든 사람의 마음에 있다"라고 말했다. 그는 예수님이 무슨 말씀을 하시는지 이해했다. 그러나 빌라도는 예수님이 "내 나라는 이 세상에 속한 것이 아니니라"라고 말씀하셨을 때 그 뜻을 이해하지 못했다.

하나님 나라는 이 세상에 속한 것이 아니기 때문에 각 사람은 예수님에 대해 내적 결단을 내려야 한다. 하나님 나라는 물질적 세상이 아닌 각 사람의 마음에 있다. 그러므로 우리는 예수님이 내 마음의 왕이 되시도록 결단해야 한다. 예수님이 나의 마음, 나의 생각, 나의 의지를 주장하시도록 해야 한다.

기독교는 '이것을 하라. 저것은 하지 마라'고 가르치는 종교가 아니다. 대신 예수님을 통해 마음을 바꾸고, 생각을 바꾸고, 의지를 안에서부터 바꾸는 것에 대해 가르친다. 이것이 예수님이 침묵을 통해 빌라도에게 요구하신 것이다.

우리의 겉과 속이 다를 수 있다. 남들에게 보이기 위한 행동이 실제 마음과 다를 수 있다. 예수님은 각 사람의 마음을 알고 그 마음을 주장하기 원하신다. 그러므로 스스로에게 질문해 보아야 한다. "나의 마음은 예수님의 통치를 통해 바뀌고 있는가?"

보이기 위한 신앙생활은 유대 종교 지도자들의 삶이다. 정직해 보이려는 행동은 본디오 빌라도가 한 일이다. 예수님의 제자들은 외적 신앙생활에 집중해서는 안 되고, 주님으로 인해 안에서부터 변화되기 위해 내적 결단을 내려야 한다.

### 3. 예수님에 대해 독점적 결단을 하라 (38-40절)

빌라도는 "진리가 무엇이냐"라고 물었다. 이 문장은 해석하기가 쉽지 않지만, 그의 이런 즉각적인 반응은 예수님이 어떤 죄도 없다고 인정하는 것이었다. 그는 예수님을 무해한 철학자 또는 비현실적인 몽상가로 여겼을 수 있지만, 위험한 반란자로 보지는 않았다. 빌라도는 예수님이 처벌당할 만한 어떤 위법도 저지르지 않았음을 알았다.

하지만 그는 이 상황에 어떤 조치가 필요하다는 정치적 의미 또한 알았다. 그래서 관련된 모든 사람이 만족할 만한 해결책을 모색했다. 유대인들을 달래기 위한 수단으로 유월절마다 죄수 한 명을 풀어 주는 관습을 사용하기로 한 것이다. 먼저 대중에게 제안할 기회를 포착하고, 그들이 요구하면 예수님을 석방하겠다고 말했다. 빌라도는 이 제안이 군중의 호응을 얻을 것이라 생각했지만 착각이었다. 군중은 이미 제사장들로부터 '예수의 죽음을 요구하라'는 지시를 받은 상태였다. 그래서 예수님 대신 바라바라는 강도를 석방하라고 요구했다. 아마도 바라바는 로마 군인에게 포로로 잡혀 처형을 앞두고 있는 게릴라 저항군이었을 것이다. 그를 표현한 단어는 일반적인 의미의 강도가 아니라 반란군을 가리키는 말이다.

바라바라는 이름은 아람어로 '아버지의 아들'이라는 뜻이다. 아이러니하게도 아버지의 가짜 아들은 풀려났지만, 진짜 아들 예수님은 십자가에 처형되셨다.

예수님은 자신이 왜 이 세상에 왔는지 명료하게 말씀하셨다. 진리를 증거하기 위해서였다. 예수님은 그분 자신이 누구인지 아셨고, 사람들이 자기가 처한 상황을 알기 원하셨다. 예수님의 말씀은 그분에 대해 거짓 정죄하는 사람들의 협박 앞에서도 바뀌지 않았다. 예수님은 항상 진리를 말씀하셨고, 그분의 말씀은 진리였으며, 그분이 곧 진리였다.

사람들은 다른 사람의 의견이나 행동에 관용을 보이는 것을 매우 중요시한다. 자신과 생각이 다른 사람을 존중하는 것이 교양인의 덕목이라고 여긴다. 물론 예수님도 사람들에게 관용을 베푸셨다. 의심하는 제자들에게도, 그분을 이해하지 못하는 사람들에게도, 죄를 범하는 사람들에게마저 관용을 베푸셨다. 그러나 관용을 베풀 수 없는 한 영역이 있었다. 예수님은 그분이 누구이며, 세상이 어떻게 구원을 얻을 수 있는지에 대해서는 단호하셨다. 이 영역에는 하나의 진리밖에 없고 그 진리는 바로 예수님이기 때문이다.

바로 이 이유로, 어떤 사람들은 진리의 말씀을 거부한다. 그들은 예수님이 세상을 구원할 수 있는 많은 길 중 하나라고 말하지만 이는 결코 진리가 아니다.

예수께서 이르시되 내가 곧 길이요 진리요 생명이니 나로 말미암지 않고는 아버지께로 올 자가 없느니라 (요 14:6)

이 구절은 영어로 Jesus answered, 'I am the way and the truth and the life. No one comes to the Father except through me.'(NIV)라고 번역되었으며, 여기에서 'truth' 앞에 정관사 'the'가 쓰였다. 이는 예수님만이 길이고 진리고 생명이며, 다른 길이나 진리나 생명은 없다는 뜻이다.

예수님이 진리에 대해 말씀하시자 빌라도는 "진리가 무엇이냐"라고 물었다. 그러나 대답을 기다리지 않고 자리에서 일어나 사람들에게 나갔다. 그는 진리에 대한 예수님의 말씀을 직접 들을 수 있는 좋은 기회를 가졌지만 관심이 없었다. 진심으로 진리를 추구하는 사람이 아니었기 때문이다.

사람들이 예수님을 죽이려 했던 것은, 예수님이 로마에 반항하셨기 때문이 아니라 그들이 하나님에게 반항했기 때문이다. 빌라도는 어떤 것이 옳은지 알았지만, 사람들의 압력에 못 이겨 잘못된 결정을 내렸다. 누구나 다른 사람들로부터 압력을 받을 때 그들이 원하는 대로 결정하려는 시험을 받는다. 그러나 성경은 예수님에 대해 독점적 결정, 즉 다른 것과는 타협할 수 없는 배타적이고 유일한 결정을 내려야 한다고 말한다. 예수님은 진리다. 예수님만이 진리다. 오직 예수님만 선택해야 한다. 이것이 예수님이 우리에게 원하시는 독점적 결단이다.

언젠가 이런 글이 쓰인 포스터를 본 적이 있다. "나의 침묵을 이해하지 못한다면, 내가 하는 말을 어떻게 이해하겠습니까?"

세상 사람들은 스스로의 힘으로 무엇이 진리인지에 대해 결정하려고 한다. 그러나 그리스도인은 하나님의 말씀을 통해 진리를 이해하며 나아가 하나님의 침묵을 통해 이해한다. 예수님은 우리가 그분에 대해 개인적 결단, 내적 결단, 독점적 결단을 내리기 원하신다. 예수님의 말씀과 침묵을 깊이 묵상하면 그 안에서 진리를 발견할 것이다. 예수님이 바른 선택지며 유일한 선택지다.

예수님은 각 사람의 마음을 알고 그 마음을 주
장하기 원하신다. 그러므로 스스로에게 질문
해 보아야 한다. "나의 마음은 예수님의 통치
를 통해 바뀌고 있는가?"

# 16장

# 막달라 마리아와
# 열 제자, 도마 이야기

요한복음 20:11-29

11  마리아는 무덤 밖에 서서 울고 있더니 울면서 구부려 무덤 안을 들여다보니

12  흰 옷 입은 두 천사가 예수의 시체 뉘었던 곳에 하나는 머리 편에, 하나는 발 편에 앉았더라

13  천사들이 이르되 여자여 어찌하여 우느냐 이르되 사람들이 내 주님을 옮겨다가 어디 두었는지 내가 알지 못함이니이다

14  이 말을 하고 뒤로 돌이켜 예수께서 서 계신 것을 보았으나 예수이신 줄은 알지 못하더라

15  예수께서 이르시되 여자여 어찌하여 울며 누구를 찾느냐 하시니 마리아는 그가 동산지기인 줄 알고 이르되 주여 당신이 옮겼거든 어디 두었는지 내게 이르소서 그리하면 내가 가져가리이다

16  예수께서 마리아야 하시거늘 마리아가 돌이켜 히브리 말로 랍오니 하니 (이는 선생님이라는 말이라)

17  예수께서 이르시되 나를 붙들지 말라 내가 아직 아버지께로 올라가지 아니하였노라 너는 내 형제들에게 가서 이르되 내가 내 아버지 곧 너희 아버지, 내 하나님 곧 너희 하나님께로 올라간다 하라 하시니

18  막달라 마리아가 가서 제자들에게 내가 주를 보았다 하고 또 주께서 자기

에게 이렇게 말씀하셨다 이르니라

19  이 날 곧 안식 후 첫날 저녁 때에 제자들이 유대인들을 두려워하여 모인 곳
    의 문들을 닫았더니 예수께서 오사 가운데 서서 이르시되 너희에게 평강이
    있을지어다

20  이 말씀을 하시고 손과 옆구리를 보이시니 제자들이 주를 보고 기뻐하더라

21  예수께서 또 이르시되 너희에게 평강이 있을지어다 아버지께서 나를 보내
    신 것 같이 나도 너희를 보내노라

22  이 말씀을 하시고 그들을 향하사 숨을 내쉬며 이르시되 성령을 받으라

23  너희가 누구의 죄든지 사하면 사하여질 것이요 누구의 죄든지 그대로 두면
    그대로 있으리라 하시니라

24  열두 제자 중의 하나로서 디두모라 불리는 도마는 예수께서 오셨을 때에
    함께 있지 아니한지라

25  다른 제자들이 그에게 이르되 우리가 주를 보았노라 하니 도마가 이르되
    내가 그의 손의 못 자국을 보며 내 손가락을 그 못 자국에 넣으며 내 손을
    그 옆구리에 넣어 보지 않고는 믿지 아니하겠노라 하니라

26  여드레를 지나서 제자들이 다시 집 안에 있을 때에 도마도 함께 있고 문들
    이 닫혔는데 예수께서 오사 가운데 서서 이르시되 너희에게 평강이 있을지
    어다 하시고

27  도마에게 이르시되 네 손가락을 이리 내밀어 내 손을 보고 네 손을 내밀어
    내 옆구리에 넣어 보라 그리하여 믿음 없는 자가 되지 말고 믿는 자가 되라

28  도마가 대답하여 이르되 나의 주님이시요 나의 하나님이시니이다

29  예수께서 이르시되 너는 나를 본 고로 믿느냐 보지 못하고 믿는 자들은 복
    되도다 하시니라

예수님 제자들의 행적을 살펴보면, 우리와는 차원이 다른 믿음의 사람들처럼 느껴진다. 그들의 대단한 믿음 때문에 예수님이 제자로 삼으셨다고 오해할 수 있다. 그러나 제자들 역시 우리와 별반 다르지 않았다. 우리만큼이나 연약했고 우리처럼 수없이 넘어졌다. 예수님이 부활하셨다는 소식을 들었을 때 그들 대부분은 믿지 못했다. 그들은 3년 이상을 예수님과 함께 지내면서 그분의 사역을 가까이서 지켜보았다. 그리고 예수님으로부터 그분이 죽었다가 다시 살아날 것이라는 말씀을 여러 차례 들어왔다. 모두가 예수님의 부활을 믿지 못하더라도, 제자들만큼은 그 엄청난 일을 기대하며 기다렸어야 한다. 그러나 부활을 기다리기는커녕, 빈 무덤 소식을 듣고는 자신들도 죽게 될까 봐 두려워 문을 꼭 닫은 채 골방에 숨어 있었다. 예수님이 부활하셨다는 이야기를 듣고도 믿지 못했다. 예수님의 상처를 직접 만져 보지 않고는 믿지 않겠다고 선언했다가 부활하신 주님을 만난 후 믿은 제자도 있다. 예수님은 의심 많고 믿음 없던 제자들을 나무라지 않으셨다. 오히려 그들을 사용하여 마침내 믿음의 사람으로 서게 하셨다.

요한복음 20장을 보면, 부활 후 예수님이 제자들에게 일주일에 걸쳐 세 번 나타나신 것을 알 수 있다. 먼저, 부활한 주일 아침 막달라 마리아에게 나타나셨다(11-17절). 그리고 같은 날 밤, 열 명의 제자에게 나타나셨다(19-23절). 일주일이 지난 후, 다시 도마를 비롯한 열한 명의 제자에게 나타나셨다(26-29절). 이 세 번의 만남을 보면 모두 비슷한 흐름이 있다. 예수님이 나타나시고, 제자들이 반응하고, 예수님이 그들에게 사명을 주신다.

예수님은 대단한 믿음을 보고 오시는 것이 아니다. 오히려 믿음이 연약하다는 것을 알기 때문에 우리에게 와서 성장하도록 도우신다. 우리의 믿음이 약하고 부족해도 예수님은 외면하지 않으신다. 부족한 그 믿음 때문에 더 찾아오신다. 부활하신 예수님을 만난 이후 제자들은 더 이상 흔들리고 의심하는 겁쟁이가 아니었다. 세상이 감당치 못하는 능력 있는 사명자로 성장했다. 이러한 놀라운 성장을 경험하기 위해 먼저 해야 할 일이 있다. 바로 믿음에 관한 일이다.

## 1. 감정에 치우치지 말고 성경적 믿음을 가져라 (11-18절)

아침 일찍 예수님의 무덤을 찾은 막달라 마리아는 입구를 막았던 돌이 치워진 것을 보고 황급히 안으로 들어갔다. 예수님의 시체가 사라진 빈 무덤 앞에서 마리아는 어쩔 줄 몰라 하며 하염없이 울었다. 그런 마리아 앞에 천사가 나타났지만 그녀는 천사를 알아보지 못한 채 누가 예수님의 시체를 옮겼는지 물었다. 그런데 마리아가 알아보지 못한 것은 천사만이 아니었다. 그녀는 예수님도 알아보지 못했다. 마리아는 예수님을 동산지기로 착각해서 그분의 시체를 옮겼거든 어디에 두었는지 말해 달라고 부탁했다. 예수님은 자신을 알아보지 못하는 마리아를 "여자여"라고 불렀지만, 여전히 알아보지 못하자 "마리아야"라고 이름을 부르셨다. 그제야 마리아는 예수님을 알아보았다. 마리아는 예수님이 살아나셨다는 사실이 너무 기뻐 더 교제하고 싶었지만, 예수님은 마리아에게 할 일을 알려 주셨다.

제자들에게 가서 주님의 부활을 증거하라는 사명이었다. 더 이상 슬퍼하며 울지 말고, 받은 사명을 이루라고 말씀하셨다. 부활하신 예수님을 직접 본 마리아는 확실한 믿음을 가지고 제자들에게 가서 부활을 증거했다.

감정에 따라 예배하고, 감정을 믿음으로 착각하는 이들이 많다. 울면서 기도하고 큰 소리로 찬양하면 그것이 믿음이라고 생각한다. 그러나 진정한 믿음은 느낌을 강조하는 감정적인 믿음과 다르다. 이런 믿음은 쉽게 변할 수 있다. 예를 들어 어떤 집회에 참석했을 때 마음이 뜨거워지면 왠지 뿌듯하고 영적으로 성장한 것 같지만 그 느낌이 사라지면 다시 사그라진다. 감정이 달아오르면 믿었다가 감정이 식으면 믿음도 사라지는 것이다.

마리아의 믿음도 감정적 믿음이었다. 그녀는 자신이 느끼는 것이 믿음이라고 생각했다. 이런 감정적 믿음 때문에, 예수님이 말씀하셨지만 믿지 못했고 찬양해야 할 때 눈물지었다. 그러나 예수님은 마리아 앞에 나타나 그녀의 이름을 불러 주셨다. 그리고 새로운 사명을 주심으로써 슬픔을 기쁨으로 바꾸셨다. 믿음의 기초는 감정이 아니라 말씀이어야 한다. 물론 분명한 믿음을 가지면 감정이 움직일 수 있지만, 감정적으로 믿는 것은 올바르지 않다. 감정적인 믿음이 아닌 성경에 근거한 믿음을 가질 때 온전한 예배자로 하나님 앞에 바로 설 수 있다.

## 2. 두려움을 버리고 담대한 믿음을 가져라 (19-23절)

예수님의 무덤이 비었다는 소식을 들은 제자들은 두려움에 떨었다. 모든 문을 닫고 방 안으로 숨었다. 그런 제자들에게 예수님이 나타나셨다. 굳게 잠긴 방 안에 예수님이 나타나시자 제자들은 깜짝 놀랐다. 두렵고 불안한 제자들에게 예수님은 "평강이 있을지어다"라고 말씀하셨다. 그제야 제자들은 예수님 앞으로 다가왔다.

제자들이 예수님 앞으로 다가가기까지 그들은 두려운 마음을 이겨 내야 했다. 예수님은 제자들의 두려움이 용기로 바뀌길 원하셨다. 이것이 그들을 찾아오신 이유였다. 두려움에 떨면서 꽁꽁 숨어 있는 제자들에게 예수님이 나타나 그들을 안정시키셨다. 상처를 보여 주면서 자신이 부활한 것을 확인시켜 주셨다. 마침내 두려움이 기쁨으로 변했을 때 예수님은 새로운 사명을 주셨다. 하지만 그들의 믿음은 여전히 연약했다. 예수님은 이것을 너무도 잘 알기 때문에 제자들을 향해 "성령을 받으라"라고 말씀하신 것이다. 그들은 성령님의 도움 없이는 사명을 감당할 수 없었다. 성령님이 제자들 안에 거하셔야 받은 사명을 감당하는 참다운 제자로 거듭날 수 있었다. 성령님이 함께하시자 그들은 두려움을 이기고 마침내 담대한 믿음을 갖게 되었다.

제자들은 예수님의 부활을 전하기 위해 죄 사함을 선포하라는 사명을 받았다. "너희가 누구의 죄든지 사하면 사하여질 것이요 누구의 죄든지 그대로 두면 그대로 있으리라." 죄를 용서하라는 이 명령은 독특한 구조로 되어 있다. 첫 번째 동사 '사하여지다'는 부정 과거형으로 한순간에 이루어지는 일을 말하고, 두 번째 동사 '그대로 있다'는 완료형으로 첫 번째 동사가 작동하기 전부터 시작된 지속적인 상태를 의미한다. 즉 하나님은 제자들의 결정에 따라 누군가의 죄를 용서하고 용서하지 않으시는 것이 아니다. 제자들은 다만 하나님이 하신 일을 선포할 따름이다. 다시 말해 하나님이 누군가의 죄를 용서하실 때 제자들은 그것을 선포하는 것이다.

이것이 구원의 본질이다. 죄를 용서하는 것은 하나님의 일이지 인간의 일이 아니다. 복음을 선포하는 사람은 듣는 사람이 예수님을 대속자로 믿는지 믿지 않는지에 따라 죄 용서함을 선포하거나 선포하지 않을 뿐이다. 예수님은 제자들에게 성령님을 보내며 죄 용서를 선포할 권위를 주셨다. 이렇게 함으로써 그들이 두려움을 버리고 담대한 믿음을 갖도록 도우셨다.

우리는 종종 미래에 대한 두려움, 실패에 대한 두려움, 죽음에 대한 두려움 등 여러 두려움에 빠진다. 어느 때는 잘 이겨 내는 듯하지만 가끔씩은 밀려오는 걱정과 두려움에 압도될 때가 있다. 우리 스스로의 노력과 결심으로는 이 두려움을 이겨 낼 수 없다. 부활한 예수님과 성령님이 함께하셔서 우리 안에 담대한 믿음이 생길 때 가능하다. 그 믿음은 우리가 두려움에서 벗어날 뿐만 아니라 새로운 사명을 능히 감당할 수 있는 힘을 준다. 두려움 가운데 웅크리고 있는가? 고개를 들면 부활하신 주님이 눈앞에 계실 것이다. 그분의 손을 잡고 문을 열고 밖으로 나가라. 그분이 주신 새로운 사명을 감당하라. 우리를 두려움에서 해방시킨 하나님은 그 놀라운 사역을 감당할 힘도 함께 주실 것이다.

## 3. 의심을 버리고 확실한 믿음을 가져라 (24-29절)

부활한 예수님이 제자들을 찾아오셨던 날, 도마는 그들과 함께 있
지 않았다. 후에 다른 제자들이 그에게 "우리가 주를 보았노라"
라고 말했지만 믿지 않았다. 의심 많은 그는 "내가 원하는 증거를
주지 않으면 믿지 않겠다!"라고 말했다. 자신이 직접 확인하지 않
고는 믿지 못하겠다는 것이다. 도마의 이런 마음을 아는 예수님은
일주일이 지난 후 제자들에게 다시 나타나셨다. 예수님은 친히 모
든 증거를 보여 주며 그가 의심을 이기도록 도와주셨다.

　부활하신 예수님을 본 도마는 더 이상 그분의 상처를 만져 볼
필요가 없었다. 그는 예수님께 "나의 주님이시요 나의 하나님이시
니이다"라고 말하며 신앙을 고백했다. 도마에게 있는 의심은 하나
님의 축복과 기쁨을 가로막았기 때문에, 그는 의심을 버리고 확신
을 가져야 했다. 예수님은 도마에게, 너는 나를 보고 믿었지만 보
지 않고 믿는 자들은 더 복되다고 말씀하셨다. 그분을 직접 보지
않고도 믿는 사람들을 미리 축복하신 것이다.

　모든 사람은 무엇인가를 믿는다. 차이는 '무엇'을 믿는가에 있
다. 그리스도인은 하나님의 말씀과 부활하신 예수님을 믿지만, 그
렇지 않은 사람은 자기 자신을 믿는다. 그래서 이해할 수 없는 것
은 믿지 않으려 하고, 이해되지 않으면 의심부터 한다. 아이러니
하게도 이런 사람들 역시 삶 가운데 이해하지 못하면서 은연중

에 믿는 것들이 많다. 그 예로, 모두가 원자 폭탄이 터지면 죽는다는 것을 믿지만 그 원리를 완전히 이해하는 사람은 극소수다. 물론 성경 말씀 전체를 완전히 이해할 수 있는 사람은 아무도 없다. 인간의 제한된 이해력으로는 하나님을 완전히 알 수 없다. 하지만 이해하지 못한다고 무조건 의심하는 것은 다른 문제이다. 또 다른 예를 들어 보자. 필자는 하나님이 물고기를 보내 요나를 구원하셨음을 믿는다. 물론 무슨 물고기를 준비해서 어떻게 구하셨는지 자세하게 이해하지는 못한다. 하지만 하나님의 전능하심을 믿기 때문에 그분의 기적을 믿는 게 어렵지 않다. 하나님이 어떤 분이신지를 알면 백 퍼센트 이해하지 못하는 것들도 믿을 수 있다. '예수님은 나를 정말 사랑하시는가?', '예수님은 내가 지금 어떤 어려움을 겪고 있는지 아시는가?', '예수님은 나를 위해 어떤 계획을 갖고 계시는가?' 이런 질문들에 대한 완전한 답을 찾지 못하더라도 하나님의 약속에 근거해서 믿을 수 있다. 의심은 하나님이 주시는 좋은 것들을 누리지 못하게 한다. 의심을 거두면 부활하신 예수님이 보인다. 그분을 나의 주 나의 하나님으로 고백하며 확실한 믿음 안에 거할 때 축복과 기쁨을 누릴 수 있다.

———

예수님과 가까이 지내던 제자들조차 처음에는 그분의 부활을 믿지 못했지만, 점차 예수님이 정말 다시 살아나셨음을 믿게 되었다. 부활의 신앙을 받아들이자 그들은 곧 믿음의 사람으로 변화되었다. 막달라 마리아는 슬픔을 이기고 진리에 근거한 기쁨을 누리게 되었다. 마리아처럼 슬픔에 젖어 있다면, 죽음을 이기신 예수님을 믿음으로써 감정의 소용돌이를 이기고 말씀에 근거한 기쁨 누려야 한다. 열 명의 제자는 두려움을 이기고 용기를 가지게 되었다. 그들처럼 두려움에 싸여 있다면, 죽음을 이기신 예수님에 대한 믿음으로 주저앉은 자리에서 일어나 더 넓은 사명의 자리로 나아가야 한다. 도마는 의심을 버리고 확신을 가지게 되었다. 도마처럼 의심에 사로잡혀 있다면, 죽음을 이기신 예수님에 대한 믿음으로 이해되지 않는 부분들조차 확신할 수 있어야 한다.

예수님은 연약한 우리를 일으켜 성장시키신다. 그러기 위해 먼저 우리의 믿음을 바로잡으신다. 흔들리고 두려워하고 의심하는 마음을 말씀 위에 견고하게 선 믿음으로 변화시키신다. 그런 믿음을 소유한 사람은 온전한 예배자로, 세상을 향해 나아가는 사명자로 바로 설 수 있다. 부활의 예수님이 우리를 찾아오신다. 마리아를 찾아갔던 것처럼, 제자들을 찾아갔던 것처럼, 그리고 의심 많은 도마를 찾아갔던 것처럼 말이다. 그 주님과의 만남은 우리의 삶에 놀라운 변화를 선사할 것이다.

# 17장
# 베드로 이야기

요한복음 21:15-19

15  그들이 조반 먹은 후에 예수께서 시몬 베드로에게 이르시되 요한의 아들 시몬아 네가 이 사람들보다 나를 더 사랑하느냐 하시니 이르되 주님 그러하나이다 내가 주님을 사랑하는 줄 주님께서 아시나이다 이르시되 내 어린 양을 먹이라 하시고

16  또 두 번째 이르시되 요한의 아들 시몬아 네가 나를 사랑하느냐 하시니 이르되 주님 그러하나이다 내가 주님을 사랑하는 줄 주님께서 아시나이다 이르시되 내 양을 치라 하시고

17  세 번째 이르시되 요한의 아들 시몬아 네가 나를 사랑하느냐 하시니 주께서 세 번째 네가 나를 사랑하느냐 하시므로 베드로가 근심하여 이르되 주님 모든 것을 아시오매 내가 주님을 사랑하는 줄을 주님께서 아시나이다 예수께서 이르시되 내 양을 먹이라

18  내가 진실로 진실로 네게 이르노니 네가 젊어서는 스스로 띠 띠고 원하는 곳으로 다녔거니와 늙어서는 네 팔을 벌리리니 남이 네게 띠 띠우고 원하지 아니하는 곳으로 데려가리라

19  이 말씀을 하심은 베드로가 어떠한 죽음으로 하나님께 영광을 돌릴 것을 가리키심이러라 이 말씀을 하시고 베드로에게 이르시되 나를 따르라 하시니

인생을 살면서 도저히 넘지 못할 것 같은 장애물을 만날 때가 있다. 갑자기 앞을 가로막는 장애물 때문에 여유롭고 안정적인 삶이 흔들리는 것처럼 느껴진다. 이런 장애물은 우리를 두려움과 근심에 사로잡히게 하고 결국 낙심하고 주저앉게 만든다. 우리가 넘어야 할 가장 큰 장애물은 무엇인가? 의외로, 우리를 넘어뜨리는 것은 외적 요인이 아닌 내적인 문제이다.

우리를 미래로 나아가지 못하게 하는 장애물 중 하나는 과거의 실패로 인한 의심이다. 실패를 경험하고 나면 의심이 생긴다. 또다시 실패하는 건 아닌지 의심하고, 하나님이 다시 사용해 주실지 의심한다. 이런 의심이 계속되면 결국 의욕을 잃고 포기하게 된다.

세계에서 가장 많은 발명품을 남긴 토머스 에디슨Thomas Edison은 선생님으로부터 머리가 나빠서 학습 능력이 없다는 평가를 받았다. 다양한 명작을 남긴 미국의 만화 영화 제작자 월트 디즈니Walt Disney는 일하던 신문사의 편집국장으로부터 좋은 아이디어가 없다는 이유로 해고당했다. 영화 감독 조지 루카스George Lucas는 세계적 히트작 〈스타워즈〉를 만든 후 디즈니 경영진으로부터 혹평을 들었다. 최고의 농구 선수로 불리는 마이클 조던Michael Jordan은 고등학교 코치로부터 부정적인 평가를 받고 팀에서 탈락했다. 토머스 에디슨, 월트 디즈니, 조지 루카스, 마이클 조던은 한 시대에 획을 그은 사람으로 널리 알려졌지만, 지금처럼 유명해지기 전에는 스스로를 실패자라고 생각했던 시간이 있었다.

아무리 유명하고 엄청난 재능을 가졌더라도 실패 없이 계속해서 성공만 할 수는 없다. 살다 보면 누구나 실패를 경험한다. 다만 얼마나 자주 실패했는지의 차이일 뿐이다. 야고보는 "우리가 다 실수가 많으니…"라고 말했다(약 3:2).

실패와 실수를 반복하면 자신감을 잃고 자신의 능력에 대해 의심하게 된다. 이것은 운동 신경, 학습 능력, 업무 역량, 부모로서의 자질 등 다양한 영역에 해당된다. 이럴 때는 하나님의 말씀으로 격려 받아야 한다. 누구나 실패와 실수를 경험할 수 있지만 그것 때문에 스스로를 의심하게 된다면 문제는 심각해진다. 그렇다면 우리는 어떻게 의심을 이기고 다시 일어설 수 있을까?

## 1. 실패를 인정하라 (15-17절)

예수님은 부활 후 제자들과 갈릴리에서 만나셨다. 조반을 먹은 다음 베드로에게 "네가 나를 사랑하느냐"라고 세 번 물으셨다. 똑같은 질문을 세 번이나 하신 이유가 무엇일까? 예수님은 베드로의 대답을 믿지 못하셨을까? 그렇지 않다. 예수님이 같은 질문을 반복하신 이유는, 베드로가 자신의 실패를 인정하도록 돕기 위해서였다.

예수님이 잡히시던 날, 베드로는 엄청난 실수를 했다. 예수님의 경고에도 불구하고 주님을 세 번이나 부인했다. 예수님을 세 번 부인한 베드로에게 예수님은 세 번 이렇게 물으셨다. "네가 나를 사랑하느냐?"

베드로가 자신의 실패를 인정하도록 도우신 이유는 무엇일까?

실패를 인정하지 않으면 용서받을 수 없기 때문이다. 잘못을 인정하고, 고백하고, 회개할 때에만 하나님께 용서받을 수 있다. 그래야 자신감을 되찾고 스스로에 대한 의심을 이길 수 있다. 실패했다면 먼저 잘못을 직시해야 한다. 핑계를 대거나 다른 사람을 탓하는 것이 아니라 자신의 잘못을 그대로 인정해야 한다. 이것은 말처럼 쉽지 않다. 창피할 수도 있고 자존심이 상할 수도 있다. 체면이 구겨지는 것처럼 느낄 수도 있다. 진실을 받아들이는 것이 항상 편한 것은 아니지만, 잘못을 인정하지 않으면 절대로 자유로워질 수 없다.

어떤 사람들은 이 구절에 쓰인 두 동사에 초점을 두고 그 의미를 해석하려 한다. 여기에서 나오는 "사랑하느냐"에는 다른 두 개의 동사가 사용되었다. 하나는 '아가파오'이고 다른 하나는 '필레오'이다. 이 사실 때문에 예수님이 "무조건적으로 사랑하느냐?"라고 물으셨지만 베드로는 "친구의 사랑으로 사랑합니다"라고 대답했다고 주장한다. 이것은 사실이 아니다. 요한은 그의 복음서를 헬라어로 기록했고, 헬라어에는 사랑에 대한 여러 단어가 있다. 하지만 예수님과 제자들은 이 당시 헬라어가 아닌 아람어로 대화했다. 아람어에는 헬라어처럼 사랑에 대한 여러 단어가 없다. 그러므로 이곳에 쓰인 두 동사의 차이점을 운운하는 것은 잘못이다. 이 두 동사는 요한이 사용한 기교적 표현일 뿐이다. 그러므로 이 구절의 강조는, 예수님을 모른다고 세 번 부인한 베드로가 그 잘못을 분명히 인정하는 것에 있다. 아무리 어렵고 수치스럽더라도 잘못을 분명하게 인정해야 한다. 그래야 과거의 실패로부터 자유로워질 수 있고 다시 시작할 수 있다.

## 2. 실패자가 아님을 인식하라 (15-17절)

실패 없는 삶은 없다. 하지만 실패를 경험했다고 실패자가 되는 것은 아니다. 그러므로 실패했을 때 스스로를 실패자라고 생각하지 않는 것이 중요하다. 스스로를 실패자로 여기면 자신감을 잃고 미래를 향해 나아갈 수 없다. 하나님은 그 누구도 실패자로 보지 않으신다. 모두를 하나님의 사명을 이룰 사명자로 보신다.

베드로는 사람들 앞에서 세 번이나 예수님을 부인했다. 그는 자신의 잘못을 잘 알았다. 한 번도 아닌 세 번이나 예수님을 부인한 것은 매우 심각한 잘못이지만 이 일로 베드로의 인생이 결정 나지는 않았다. 그는 자신의 잘못을 인정하고 예수님께 용서받았다. 그리고 오순절에 성령 세례를 받아 사람들 앞에서 예수님에 대해 담대히 증거함으로써 많은 사람을 그분에게 이끌었다. 예수님은 베드로를 버리지 않고 기회를 주셨다. 그리고 사명자로 크게 사용하셨다. 분명한 것은 베드로가 예수님을 부인했던 사건과 예수님에 대해 증거한 사건 사이에 중요한 일이 있었다는 것이다. 부활하신 주님을 만나 용서받은 일이다.

예수님은 베드로에게 "네가 나를 사랑하느냐"라고 세 번 물으셨고, 베드로는 예수님을 사랑한다고 세 번 고백했다. 예수님은 베드로를 거짓말쟁이라고 책망하지 않으셨다. 대신 "내 양을 먹이라"라고 세 번 당부하셨다(한 번은 "내 양을 치라"). 이 말씀은 예수님이 베드로에게 계속해서 기회를 주셨음을 확증한다.

예수님을 부인한 베드로는 다시는 용서받지 못할 것이라고 생각했을 수도 있다. 예수님의 제자가 될 자격을 잃었다고 생각했을 수도 있다. 하지만 오히려 이 사건을 통해 예수님의 무한한 사랑과 용서를 경험했다. 그리고 이날부터 새로운 사람이 되었다. 예수님이 말씀하신 대로 그분을 위해 사는 사도가 된 것이다.

실패는 끝이 아니다. 실패는 사건일 뿐 그 사람 자체를 규정하지 않는다. 실패는 삶의 일부일 뿐이다. 그러므로 하나님의 눈으로 자기 자신을 보아야 한다. 하나님은 우리를 결코 실패자로 보지 않으신다. 이 사실을 기억할 때 넘어진 자리에서 일어나 다시 앞으로 나아갈 힘을 얻을 수 있다.

### 3. 실패를 하나님의 관점에서 보라 (18-19절)

베드로는 예수님의 대표 제자이자 많은 사람을 주님에게로 이끈 사도였지만, 그런 그에게도 처절한 실패의 시간이 있었다. 이 열성 제자는 예수님이 잡히시던 날 그분을 세 번이나 부인했다. 베드로의 심정은 어땠을까? 예수님과의 약속을 지키지 못한 자신을 책망하며 스스로를 실패자라고 생각했을 것이다. 하지만 예수님은 그렇지 않았다. 주님은 그를 여전히 자신의 제자로 보셨다. 그리고 새로운 사명을 감당할 사도로 여기셨다. 베드로는 다시는 돌이킬 기회를 얻지 못할 거라 생각했지만, 예수님은 다시 찾아와 기회를 주셨다. 절망에 빠진 그를 용서하셨다. 그리고 남은 인생을 예수님을 위해 살다가 죽을 것이라고 말씀하며 회복시켜 주셨다. 실제로 교회사를 보면, 베드로는 예수님의 말씀대로 평생 복음을 위해 살다가 순교했음을 알 수 있다. 예수님은 베드로를 변화시켜 그분의 사도로 사용하셨다. 이런 일이 베드로에게만 특별히 일어난 것은 아니다.

예수님은 이 세상을 구원하기 위해 오셨다. 유대 지도자들에게 잡혀 온갖 치욕을 당하다 십자가에 못 박혀 돌아가셨다. 사람들이 보기에 완전한 실패자였지만, 예수님은 십자가에서 돌아가시기 직전에 "다 이루었다"라고 말씀하셨다. 죽음을 통해 사명을 완성하신 것이다. 예수님의 죽음은 사람들이 보기에 완전한 실패였지만 하나님의 관점에서는 완전한 성공이었다. 사람들은 예수님이 십자가에서 돌아가심으로써 그날 사망의 권세가 무너졌다는 것을 알지 못했다. 사람들이 실패자라고 손가락질했던 예수님은 지금 천국 보좌에 앉아 계신다. 어떤 실패도 인간의 관점에서 판단해서는 안 되며, 하나님의 관점에서 보아야 한다. 그래야 하나님의 역사를 위한 하나의 과정으로 볼 수 있다.

———————

제레미 린Jeremy Lin이라는 농구 선수가 있다. 1988년생인 그는 고등학교를 졸업할 때 어느 대학으로부터도 장학금 제의를 받지 못했지만 하버드 대학에서 멋진 기량을 보여 주었다. 대학을 졸업할 때도 입학 당시와 상황이 다르지 않았다. 어떤 NBA 팀도 그를 선발하지 않았다. 우여곡절 끝에 2010년에 NBA에 데뷔했으나 두각을 나타내지 못한 채 3년간 세 팀이나 옮겨 다녀야 했다. 이후 2012년에 뉴욕 팀에 선발로 출전할 기회를 얻어 인상적인 활약을 펼쳤다. 이 덕분에 좋은 조건으로 계약한 후 여러 해 동안 선수 생활을 할 수 있었다. 제레미 린은 수많은 실패를 겪었지만 낙심하지 않았던 것은 신앙 때문이라고 말한다. 아무도 자신을 믿어 주지 않을 때에도 예수님에 대한 믿음 때문에 포기하지 않았다는 것이다.

이 세상을 살면서 누구나 수많은 실패를 경험한다. 중요한 것은, 실패를 인정하되 실패자가 아님을 인식하는 것이다. 또한 실패를 하나님의 관점에서 볼 수 있어야 한다. 믿음의 사람에게 실패는 끝이 아니라 주님의 큰 계획 안에 있는 하나의 과정이다.

끝맺는 말

전 세계 대부분의 사람이 부활절 이야기를 알지만, 그 사건이 자신에게 어떤 영향을 주는지에 대해서는 알지 못한다. 예수님의 죽음은 2천 년 전에 일어난 역사적 사건에 불과할 뿐 자신들과는 전혀 상관이 없는 일이라고 생각한다. 하지만 성경은 예수님의 부활이 한 사건으로 끝나는 것이 아니며 그 사건 때문에 우리가 변화된 새로운 삶을 살 수 있다고 말해 준다.

아직도 예수님이 하나님이심을 믿지 못한다면 성경을 더 공부하며 그분이 정말 메시아인지 알아보아야 한다. 예수님이 정말 모든 사람을 구원하기 위해 십자가에서 죽었다가 부활하신 메시아라면 모든 것이 달라지기 때문이다. 또 예수님이 메시아 이심을 이미 믿는 사람들은 부활절 이야기 속에 담긴 의미를 삶에 적용해야 한다. 그래야 우리를 위해 이 땅에 내려와 죽음을 이기고 부활하신 예수님으로 인해 각 사람의 삶이 바뀌게 될 테니까 말이다.

이 책이 부활절의 의미를 이해하는 데 도움이 되었기를 바란다. 죽음에서 부활하신 예수님을 통해 새로운 삶을 사는 모두가 되길 기대한다.

# 부록: 소그룹 교재

부록에 첨부된 교재는 소그룹 모임에서 사용할 수 있
도록 만들어졌습니다. 소그룹 출석원들은 모임 전에 각
장을 읽고 소그룹에 참석해야 합니다. 함께 모였을 때
요약된 장을 읽고, 수록된 질문들을 토론해야 합니다.
소그룹 인도자는 이 교재에 있는 내용을 충실히 활용해
모든 구성원이 내용을 잘 이해하고 적용하도록 인도해
야 합니다. 교재를 가지고 함께 이야기 나누는 모든 분
이 부활의 의미를 깨달아 변화되는 삶을 살기를 소망합
니다.

# 1장

# 가룟 유다 이야기

마태복음 26:6-25

가룟 유다는 예수님을 통해 자신이 원하는 것을 이루려 했지만 뜻대로 안 되자 결국 주님을 배반했다. 우리 모두에게는 가룟 유다와 같은 마음이 있다. 유다의 이야기를 통해 우리는 나의 목적을 위해 하나님을 이용하려는 것이 얼마나 위험한지 배울 수 있다.

## 1. 예수님을 이용하지 말라 (6-13절)

예수님과 제자들이 식사하는 자리에 한 여인이 귀한 향유를 가지고 와서 주님의 머리에 부었다. 제자들은 향유를 낭비한다고 화를 냈지만, 예수님은 오히려 이 여자를 괴롭히지 말라며 제자들을 꾸짖으셨다. 여인은 주님을 경배하기 위해 좋을 일을 했기 때문이다.

당시 가룟 유다를 비롯한 모든 사람은 자신의 목적을 이루기 위해 예수님을 이용하려 했지만, 이 여인은 예수님이 나의 죄를 위해 돌아가실 것을 믿고 모든 것을 드려 주님을 예배했다. 그녀에게는 예수님을 예배하는 것 외에 다른 계산이 없었다. 그러나 제자들의 머릿속에는 예수님을 통해 이루고 싶은 자신들만의 목적이 있었다.

## 2. 예수님을 배신하지 말라 (14-16절)

이 여인을 비난하는 데 앞장선 사람은 가룟 유다였다. 그는 공동체의 재정을 관리하면서 크고 작게 돈을 횡령해 왔다. 여인이 비싼 향유를 예수님에게 부어 버리자 가룟 유다는 화가 났다. 팔아서 돈으로 주었다면 얼마라도 횡령할 수 있었을 텐데 저렇게 허비하는 게 너무 아까웠다(요 12:4-6).

게다가 예수님이 이 여인을 두둔하시자 화를 감출 수 없었다. 유다는 이제 더 이상 예수님으로부터 얻을 것이 없다고 판단했고, 자신의 이익을 위해 예수님을 은 삼십에 팔기로 결정했다. 이것이 자신에게 가장 이익이 되는 결정이라고 생각했다. 많은 사람이 유다의 어리석은 결정을 비난하고 비웃지만, 우리는 은 삼십보다 더 하찮은 것 때문에 예수님을 배신한다.

### 3. 예수님께 맞서지 말라 (17-25절)

하나님의 계획은 반드시 이루어진다. 누구도 그분의 계획을 막을 수 없다. 그 뜻에 저항하는 사람은 비참한 결과를 맞는다. 예수님에게 유죄 판결이 내려지자, 가룟 유다는 후회하면서 주님을 판 대가로 받은 은 삼십을 대제 사장과 장로들에게 도로 갖다 주었다. 하지만 저지른 일을 되돌릴 수 없었 다. 그는 잘못을 뉘우치고 목매어 죽었다. 하나님은 인간에게 자유 의지를 주고 그것을 존중하기 때문에 그분의 뜻에 반대되는 길을 고집하면 강제 로 막지 않으신다. 물론 성령님과 다른 그리스도인들을 통해 계속 경고하 지만, 끝까지 거역하는 사람을 억지로 막지는 않으신다. 결과적으로 다치 는 것은 잘못된 길을 고집한 자신뿐이다.

## 토론 질문

1. 어떤 경우에 목적을 이루기 위한 수단으로 예수님을 이용하는가?

2. 예수님으로부터 어떤 이익을 얻을 수 있다고 생각하는가?

3. 예수님을 배반하려고 하는 때는 언제인가?

4. 하나님이 사람들이 가려고 하는 길을 억지로 막지 않으시는 이유가 무엇인가?

5. 하나님은 우리가 잘못된 길로 가는 것을 어떻게 알려 주시는가?

6. 적용하기로 결심한 것은 무엇인가?

# 2장

# 성찬식 이야기

마태복음 26:17-30

유월절 식사를 할 때 예수님은 자신이 이제 곧 십자가에 못 박혀 죽고 셋째 날 부활하리라는 사실을 아셨다. 이것이 하나님의 계획이었다. 그 시간에 예수님은 주의 성만찬을 제정하셨다. 성만찬은 무엇을 의미하는가? 우리는 주의 성만찬에 어떻게 임해야 하는가?

## 1. 예수님이 구세주이심을 믿으라 (26-28절)

유월절 식사 중에 예수님은 주의 성만찬 의식을 제정하셨다. 예수님은 유월절 어린 양이다. 떡이 떼어지듯 예수님의 몸도 찢겼고, 포도주가 부어지듯 예수님의 피가 쏟아졌다. 이스라엘 백성은 유월절 식사에 참여하며 애굽에서 구원하신 하나님을 기억했지만, 그리스도인은 성찬 예식에 참여해 빵을 먹고 포도주를 마심으로써 예수님의 구속사적 죽음을 기념한다. 성찬에 참여할 때, 우리는 모든 인간을 구원하기 위해 십자가에 달려 돌아가신 주님을 기억하고 그분이 우리의 메시아 되심을 믿어야 한다.


## 2. 삶에서 죄를 제거하라 (26-28절)

모세 이후, 유대인들은 유월절을 기념하기 위해 집에서 모든 누룩을 제거해야 했다. 누룩이 없는 빵을 만들어야 했고, 포도주에서 알코올을 없애야 했다. 성경에서 누룩은 죄를 상징한다. 오늘날 구약 성경 그대로 모든 음식에서 누룩을 제거할 필요는 없지만, 지금 나의 삶 가운데 있는 죄는 없애야 한다. 예수님의 제자들은 더 이상 죄 가운데 살아서는 안 된다. 천국에 가기까지 죄에서 완전히 해방되는 것은 불가능하더라도 죄의 종 노릇을 할 수는 없다. 죄에 넘어질 때가 있지만 죄를 즐기며 살아서는 안 된다. 예수님을 믿는다면 지금 나의 삶 가운데 있는 죄들을 버려야 한다.

## 3. 천국을 고대하라 (29절)

예수님은 제자들에게 천국에서 그들과 함께 마시기 전에는 다시 그 잔을 마시지 않겠다고 약속하셨다. 이 말씀을 통해 제자들이 영원한 하나님의 왕국을 바라보게 하셨고, 예수님과의 재회를 고대하도록 가르치셨다. 유대인은 메시아를 기다리며 해마다 유월절 식사를 하지만, 우리는 메시아 되신 예수님이 오셨기 때문에 주의 성찬 예식에 참여한다. 그러면서 언젠가 예수님과 함께 천국 잔치에 참여할 것을 고대한다. 우리는 이 세상에서 살지만 이곳에 매여 있어서는 안 된다. 장차 올 천국을 고대하며 그곳에 초점을 둔 삶을 살아야 한다.

**토론 질문**

1. 성만찬의 의미가 무엇인가?

2. 성만찬 중 예수님은 제자들 가운데 어떻게 임재하시는가?

3. 예수님은 누구 때문에 죽으셨는가?

4. 죄 가운데 살면서 성찬에 임하면 안 되는 이유가 무엇인가?

5. 어떻게 천국을 고대하며 살아야 하는가?

6. 적용하기로 결심한 것은 무엇인가?

# 3장

# 십자가 이야기

마태복음 27:45-53

모든 사람에게는 죄의 문제가 있다. 죄가 치명적인 문제인 이유는 거룩한 하나님은 죄인을 천국에 들여보낼 수 없기 때문이다. 하지만 사랑하는 인간들을 지옥에 보내는 것 또한 하나님이 원하시는 바가 아니었다. 하나님은 이 문제를 근본적으로 해결하기 위해 엄청난 일을 계획하고 성취하셨다. 그 해결책이 바로 예수님이다.

## 1. 용서받았음을 믿으라 (45-50절)

누가 예수님을 죽였는가? 유대 지도자들인가? 본디오 빌라도인가? 가룟 유다인가? 물론 예수님이 허락하지 않으면, 아무도 그분을 죽일 수 없었다. 그러나 예수님이 십자가에 못 박힌 이유는 모든 인간의 죄 때문이었다. 인간의 분노, 험담, 질투, 거짓말, 사랑하지 않는 마음, 세상에 대한 욕심 등이 예수님을 죽였다. 예수님은 인간의 죄를 위해 돌아가셨고, 그들의 죄 값을 대신 지불하셨다. 예수님의 죽음은 모두의 죄를 없애 주었고, 모두가 예수님으로 인해 용서받았다.


## 2. 하나님과 가까워졌음을 믿으라 (51절)

예수님 당시 예루살렘에 성전이 있었고 그 성전에는 성소와 지성소를 나누는 휘장이 있었다. 대제사장 외에는 아무도 이 휘장 너머에 있는 지성소에 들어갈 수 없었다. 오직 대제사장만 1년에 단 한 번 속죄일에 들어갈 수 있었다. 예수님이 모든 인간의 죄를 대속하기 위해 십자가에 달려 돌아가셨을 때 그 휘장이 위에서부터 아래로 찢어졌다. 그때까지 하나님은 인간들에게서 멀리 떨어져 계셨고, 아무도 하나님과 직접적인 관계를 가질 수 없었다. 예수님의 죽음을 통해 모든 사람을 가로막았던 하나님께 이르는 길이 열렸다. 이제 누구나 아무 때나 아무 곳에서나 하나님께 나아가 그분과 친밀한 관계를 누릴 수 있다. 예수님으로 인해.

## 3. 영생을 얻었음을 믿으라 (52-53절)

예수님이 죽음에서 부활하셨을 때, 그분의 무덤 문만 열린 것이 아니었다. 다른 무덤 문들도 열렸고 죽었던 성도들의 몸도 함께 일어났다. 예수님의 부활 후, 그들은 무덤에서 나와 예루살렘 성 안에 들어가 많은 사람에게 나타났다. 이 사건에 대해서는 확실하지 않은 것들이 많다. 이 성도들이 누구였는가? 이 성도들의 몸은 구체적으로 어땠는가? 이 사건 후 이들은 언제 다시 죽었는가? 하지만 이 사건이 무엇을 상징하는지는 분명하다. 예수님의 부활은 그분 안에서 죽은 사람들의 부활을 약속한다. 죽음은 끝이 아니다. 죽은 후에는 부활이 있고 영생이 있다. 그러므로 예수님을 믿는 사람들은 영생이 주어졌음을 믿고 그 소망을 누려야 한다.

## 토론 질문

1. 하나님은 죄의 문제를 어떻게 해결하셨는가?

2. 예수님의 죽음은 어떻게 인간의 죄를 깨끗하게 하는가?

3. 어떻게 하나님과 직접적인 관계를 가질 수 있는가?

4. 영생이 있음을 어떻게 믿을 수 있는가?

5. 영생을 선물로 받은 사람들은 이 세상에서 어떻게 살아야 하는가?

6. 적용하기로 결심한 것은 무엇인가?

# 4장

# 지상 명령 이야기

마태복음 28:18-20

왜 전도와 선교를 해야 하는가? 왜 복음을 전해야 하는가? 어떤 사람들은 세상 사람들이 복음을 필요로 하기 때문이라고 말하고, 또 다른 사람들은 예수님의 제자는 빚진 사람들이기 때문이라고 말한다. 전도와 선교는 하나님의 명령이기 때문에 당연히 해야 한다고 말하는 사람도 있다. 그러나 이 이유들은 복음을 전해야 하는 가장 중요한 이유가 아니다. 초대 교회 성도는 부활의 기쁨을 감추지 못해서 사람들에게 예수님의 부활에 대해 전했다. 복음이 주는 기쁨과 감동을 깨달은 사람에게 전도와 선교는 자연스러운 반응일 뿐이다.

## 1. 예수님의 권위를 믿으라 (18절)

예수님의 권위는 제자들이 자신감을 갖고 복음을 전하도록 만들어 준다. 예수님의 권위를 인정하지 않는 사람은 있지만, 누구도 그분의 권위를 거스를 수는 없다. 우리 주변에는 아직 많은 사람이 예수님을 만나지 못한 채 살고 있다. 그중 누군가에게 복음을 전하기 위해 오랫동안 애썼지만 여전히 받아들이지 않아 실망했을 수도 있다. 나에게는 전도의 은사가 없는 것 같다는 생각에 낙담했을 수도 있다. 하지만 중요한 것은 예수님이 그분의 권위로 모든 것을 주관하고 계신다는 사실이다. 이 사실은 우리에게 위로가 되기도 하고 힘을 주기도 한다. 예수님의 권위를 믿는다면, 끝까지 포기하지 말고 그 복된 소식을 전해야 한다.

## 2. 제자로서의 책임을 이해하라 (19-20상절)

어떤 사람들은 은혜로 구원을 받았기 때문에 예수님의 제자로서 아무런 책임이 없다고 생각한다. 이들은 교회에 출석하는 등 외적 종교 행위는 하지만 내적 변화가 전혀 없다. 이것이 바로 세속화된 그리스도인의 모습이다. 예수님의 제자들에게는 그분을 닮아가야 하는 책임이 있다. 그 책임 중 하나가 바로 전도이다. 교회에 다니지만 예수님의 제자가 아닐 수 있다. 예수님을 믿는다고 하면서 삶이 전혀 바뀌지 않는다면, 그 믿음에 대해 진지하게 생각해 보아야 한다. 예수님의 지상 명령은 바른 신학을 믿는 것만이 아니고 주님이 분부하신 모든 것을 지키는 데까지 나아간다. 예수님의 제자라면 그분의 명령에 따라 복음을 전해야 한다. 이것이 제자로서의 책임이다.

### 3. 예수님의 임재를 경험하라 (20하절)

마태는 자신의 복음서를 명령이 아닌 약속으로 끝냈다. 세상 끝날까지 함께하실 것이라는 예수님의 약속이다. 구약은 하나님이 직접 그분의 백성 가운데 거하실 날을 약속했고, 초대 교회 성도들은 실제로 예수님의 임재를 경험하는 삶을 살았다. 그들은 막연한 신학적 지식이 아닌 매일 경험하는 예수님에 대해 증거했다. 우리 역시 복음을 전할 때, 성경이 하나님에 대해 무엇이라고 말하는지에 대해서만이 아니라 삶에서 실제로 경험한 하나님을 전해야 한다. 오늘도 우리 삶 가운데 역사하고 계신 하나님을 전할 때 살아 있는 능력의 복음이 전달될 것이다.

## 토론 질문

1. 복음을 전해야 하는 이유가 무엇인가?

2. 예수님의 권위는 전도에 대해 어떤 마음을 갖게 하는가?

3. 예수님의 제자에게는 어떤 책임이 있는가?

4. 예수님이 함께하신다는 것을 어떻게 믿을 수 있는가?

5. 예수님은 우리의 삶 가운데 어떻게 역사하시는가?

6. 적용하기로 결심한 것은 무엇인가?

# 5장

# 여인들 이야기

마가복음 16:1-8

넘어졌다고 쓰러져 있으면 안 된다. 다시 일어나야 한다. 이것이
예수님이 가르쳐 주신 삶이다. 예수님은 죄 없는 완전한 분이셨
지만 사람들은 그분을 거짓으로 정죄하고 십자가에 못 박아 죽
였다. 예수님의 몸은 무덤에 묻혔지만 무덤에 머무를 수 없었고
결국 죽음을 이기고 부활하셨다. 예수님이 부활하신 아침, 천사
가 막달라 마리아와 야고보의 어머니 마리아, 살로메에게 전한
이야기는 실패한 자리에서 어떻게 다시 일어날 수 있는지를 알
려 준다.

**1. 예수님을 통해 삶의 문제에 대한 답을 찾으라** (1-4절)

부활절 아침, 예수님의 무덤으로 가는 여인들에게는 문제가 있었다. 무덤 문을 막고 있는 큰 돌을 어떻게 옮길 것인가 하는 것이었다. 무덤에 도착했을 때 하나님은 이미 그 문제의 돌을 옮겨 놓으셨다. 우리 역시 이 여인들처럼 고민한다. 가정 문제, 자녀 문제, 관계 문제, 건강 문제, 직장 문제, 사업 문제, 재정 문제, 영적 문제 등 이런저런 걱정이 끊이질 않는다. 하지만 주님은 우리에게 있는 모든 문제를 아시고, 적절한 시간에 그 문제를 옮겨 주신다. 삶의 문제에 대한 해답은 오직 예수님에게 있다.


**2. 예수님을 통해 죽음의 문제에 대한 답을 찾으라** (5-6절)

죽음은 예수님을 무덤에 가두지 못했고, 주님은 부활하셨다. 예수님의 죽음과 부활, 승천을 통해 모두가 언젠가는 죽지만 그 죽음이 끝이 아니라는 사실을 알 수 있다. 죽은 후 우리의 영은 이 세상을 떠나 고통과 사망이 없는 영원한 하나님 나라에 간다. 죽음은 이 세상에서 하나님 나라로 가는 과정에 불과하다. 예수님은 부활을 통해 죽음에 대한 문제를 이미 해결하셨다. 유대 지도자들도 죽음도 예수님을 가두지 못했다. 그들은 예수님을 죽일 수 있었지만 예수님은 죽음을 이기셨다. 따라서 오직 예수님만이 죽음에 대한 답을 주실 수 있다.

## 3. 예수님을 통해 삶의 목적에 대한 답을 찾으라 (7-8절)

예수님은 제자들에게 갈릴리에서 모이라고 말씀하셨다(막 14:28). 갈릴리에서 모인 목적은 승천하기 전 제자들에게 마지막 명령을 주시기 위해서였다. 예수님의 제자는 평범한 삶을 사는 평범한 사람들이었다. 부활 후 예수님은 제자들에게 "너희는 가서 모든 민족을 제자로 삼으라"고 명하며 새로운 목적을 주셨다. 이것은 하나님이 우리 모두에게 주시는 명령이다. 모든 사람에게는 삶의 목적이 필요하다. 하루하루 잘 먹고 잘 사는 삶이 아닌, 뚜렷한 목적을 세우고 그것을 이루어 가는 삶을 살아야 한다. 그러기 위해서는 부활하신 예수님을 만나 삶의 목적에 대한 해답을 찾아야 한다.

## 토론 질문

1. 넘어졌을 때 포기하려는 이유는 무엇인가?

2. 주로 고민하는 삶의 문제는 무엇인가?

3. 하나님은 이 문제들을 어떻게 해결해 주시는가?

4. 왜 죽음을 두려워하는가?

5. 삶 가운데 뚜렷한 목적이 필요한 이유가 무엇인가?

6. 적용하기로 결심한 것은 무엇인가?

# 6장

# 종려 주일 이야기

누가복음 19:28-44

예수님이 나귀를 타고 예루살렘에 들어가실 때, 많은 사람이 나와 주님을 찬양했다. 그러나 그들은 찬양의 의미를 전혀 몰랐다. 그렇기 때문에 그들의 찬양은 며칠 후 십자가에 예수님을 못 박으라는 저주의 외침으로 변했다. 많은 사람이 자신은 예수님을 잘 따르고 있다고 생각한다. 그 사람이 진정한 제자인지 아닌지는 예수님을 닮아가는 삶을 살고 있는지 여부로 알 수 있다. 하루하루 살아가는 모습들이 그 사람의 정체성을 나타내는 증거가 된다. 우리의 삶은 예수님을 닮아 있는가?

## 1. 순종의 본을 따르라 (28절)

십자가에 못 박히기 전, 예수님은 이 세상에 온 목적을 이룰 때가 임한 것을 아셨다. 주님은 십자가에서의 죽음이 얼마나 외롭고 고통스러울지 잘 알았지만, 성부 하나님의 뜻대로 그 길을 가기로 결정하셨다. 예수님처럼, 그분의 제자는 하나님의 뜻에 순종한다. 자신이 원하든 원하지 않든 순종한다. 하나님의 뜻은 항상 선하고 기쁘고 온전하다는 것을 믿기 때문에 기꺼이 순종한다. 예수님의 진실한 제자라면 무엇보다 순종의 본을 따라야 한다.

## 2. 겸손의 본을 따르라 (29-40절)

당시 사람들은 예수님이 자신들을 로마의 압제로부터 해방시켜 주실 구원자라고 생각했다. 그래서 승리를 상징하는 종려나무 가지를 들고 나와 예수님을 영접했다. 그러나 예수님은 평화의 상징인 나귀를 타고 입성하셨다. 그분은 자신을 낮추고 다른 사람을 겸손히 섬기는 예를 보이셨다(요 13:13-15). 우리가 배우자, 자녀, 친구, 직장 동료 같은 주변 사람을 겸손히 섬긴다면, 이는 예수님의 제자라는 증거가 된다. 하지만 예수님의 겸손이 삶 가운데 드러나지 않는다면 정말 주님의 제자인지 진지하게 생각해 보아야 한다.

## 3. 사랑의 본을 따르라 (41-44절)

예수님은 예루살렘을 보고 우셨다. 성경에서 이 구절에 쓰인 '우셨다'는 단어는 '통곡하다'라는 뜻이다. 예수님은 왜 통곡하셨는가? 그들을 사랑하셨기 때문이다. 예수님은 이스라엘이 로마로 인해 멸망할 것을 아셨고, 이 예언은 주후 70년에 이루어졌다. 성전은 무너지고, 많은 사람이 죽임을 당하고, 살아남은 자들은 노예가 되어 잡혀 갔다. 이 모든 것을 안 예수님이 그들을 위해 눈물 흘리신 것이다. 예수님은 그분을 믿지 않고 저주하며 십자가에 못 박은 사람들을 위해 우셨다. 진정한 예수님의 제자라면 예수님처럼 사랑해야 한다(요 13:34-35).

## 토론 질문

1. 많은 사람이 예수님을 따르지 않으면서 그분의 제자라고 생각하는 이유가 무엇인가?

2. 어떤 경우에 하나님의 뜻에 순종하는 것이 어려운가?

3. 어떻게 하면 다른 사람에게 겸손을 보일 수 있는가?

4. 하나님을 사랑한다고 하면서 다른 사람을 사랑하지 못하는 이유가 무엇인가?

5. 다른 사람을 사랑하기 위해서는 무엇을 해야 하는가?

6. 적용하기로 결심한 것은 무엇인가?

# 7장

# 성금요일 이야기

누가복음 23:27-43

그리스도인은 매년 성금요일을 기념한다. 성금요일을 영어로 'Good Friday'라고 부르지만, 사실 이날은 예수님이 십자가에서 고통 중에 돌아가신 것을 기념하는 날이다. 그래서 어떤 사람은 예수님이 돌아가신 날이 어떻게 '좋은 금요일'이 될 수 있는지 묻는다. 하지만 예수님의 죽음이 없었다면 부활도 있을 수 없고, 성금요일이 없었다면 부활절 역시 있을 수 없다. 따라서 성금요일을 제대로 기념하기 위해서는 예수님의 죽음과 부활을 새롭게 보는 관점이 필요하다.

## 1. 환경 너머를 보라 (27-31절)

예수님이 십자가에 못 박히셨을 때, 많은 사람이 그분을 따랐고 그중에는 큰 무리의 여자도 있었다. 이들은 예수님이 결백하며 사형을 당할 만한 그 어떤 일도 하지 않으셨다는 것을 알았다. 때문에 예수님이 왜 십자가에 달리셔야 하는지 이해할 수 없었다. 이들이 예수님의 십자가가 자신들을 구원할 것이라는 사실을 알았다면 어땠을까? 예수님이 사흘 만에 부활하실 것을 알았다면 어떻게 반응했을까? 그러나 이들은 육신의 형편밖에 볼 수 없었기 때문에 소망이 없는 것처럼 애통하며 통곡했다. 성금요일을 올바로 기념하기 위해서는 물리적 환경 너머를 보아야 한다.

## 2. 물질 너머를 보라 (32-34절)

로마 군인들은 예수님과 다른 두 죄수를 골고다로 끌고 가서 십자가에 못 박았다. 이들은 예수님이 누구인지에 대해서는 신경 쓰지 않았고, 예수님이 하시는 일에도 관심 없었다. 이들의 관심은 예수님의 옷에 있었다. 사소한 것에 몰두하느라, 예수님이 누구이며 무엇을 하시는지에 대해서는 알려고 하지 않았다. 오늘날 많은 사람도 예수님의 죽음과 부활에는 아무 관심이 없고, 물질에만 집착한다. 그러나 성금요일을 제대로 기념하기 위해서는 물질 너머를 보아야 한다. 물질을 추구하는 사람은 물질 이외의 것을 볼 수 없다. 물질은 사용하는 것이지 사랑해야 할 대상이 아니다.

### 3. 이 세상 너머를 보라 (39-43절)

예수님이 십자가에 못 박히실 때 양 옆에 두 명의 죄수가 있었다. 그들 중한 사람은 예수님을 계속해서 모욕했다. 그에게는 이 세상이 전부였고, 이세상 너머에는 아무것도 없었다. 그러나 또 다른 죄수는 그를 꾸짖었다. 그는 예수님이 자신과 같은 처형을 당하지만 자신과 같은 죄인이 아니라는 것을 알았다. 그래서 삶의 마지막 순간에 예수님을 믿었고, 예수님은 오늘 네가 나와 함께 낙원에 있을 것이라고 약속해 주셨다. 인생의 마지막 순간에 구원받았던 이 죄수처럼, 우리도 이 세상 너머를 보아야 한다. 그래야 죽음이 끝이 아님을 알고 천국을 소망하며 살 수 있다.

## 토론 질문

1. 그리스도인은 성금요일을 어떻게 기념하는가?

2. 많은 사람이 환경 너머를 보지 못하는 이유는 무엇인가?

3. 많은 사람이 물질에 초점을 두고 사는 이유는 무엇인가?

4. 물질은 무엇을 해 줄 수 있고, 무엇을 해 줄 수 없는가?

5. 어떻게 하면 이 세상 너머에 있는 천국에 초점을 두고 살 수 있는가?

6. 적용하기로 결심한 것은 무엇인가?

8장

# 두 죄수 이야기

누가복음 23:32-43

우리는 십자가형을 당한 두 죄수에 대해 아는 바가 전혀 없다. 이름도 모르고 어떤 범죄를 저질렀는지도 모른다. 확실한 것은 두 사람 모두 자기의 죄 때문에 십자가에 달리게 되었다는 사실이다. 죽음을 앞둔 이들에게는 아무 소망이 없었다. 처형 당일, 이들은 자신과 함께 십자가형을 받는 또 한 사람이 있다는 것을 알게 되었다. 바로 나사렛 예수였다. 예수님 옆에서 십자가에 달려 죽은 두 죄수의 이야기는 죄인이 어떻게 하나님께 용서받을 수 있는지 알려 준다.

## 1. 하나님을 탓하지 말라 (34-39절)

두 죄수 역시 군중처럼 예수님을 조롱했다(마 27:44). 이들은 자신이 지은 죄 때문에 처형을 받으면서도 하나님을 원망했다. 이처럼 자기 자신의 잘못 때문에 어려움을 겪으면서 하나님을 원망하는 사람들이 있다. 심지어 하나님의 말씀에 불순종한 결과로 고통을 당하면서 하나님을 탓하기도 한다. 고통은 하나님의 탓이 아니다. 하나님은 언제나 선하시며 끝까지 우리와 함께하신다. 고통의 소용돌이 가운데 있더라도 선하신 하나님을 바라보고 그분을 끝까지 믿어야 한다.

## 2. 내가 죄인임을 인정하라 (40-41절)

처음에는 두 죄수 모두 예수님을 비난하고 조롱했다. 그런데 그중 한 명이 자신의 잘못을 깨달았다. 모든 사람과 함께 예수님을 비난할 때는, 내가 다른 사람보다 더한 죄인이 아니라고 생각했을 수 있다. 그러나 예수님과 비교해 보니, 나는 죽임을 당해 마땅하지만 예수님에게는 죄가 없다는 것을 깨달았다. 두 죄수 중 누가 더 큰 죄를 범했는지는 모르지만, 하나님의 관점에서 보면 둘 다 같은 죄인이다. 스스로를 거룩한 사람이라고 생각하는가? 완벽하지는 않아도 비교적 선한 사람이라고 여기는가? 우리 모두는 하나님 앞에서 같은 죄인이다. 이 사실을 인정해야 한다.

### 3. 하나님께 용서를 구하라 (42-43절)

두 사람 모두 죄수였다. 그러나 한 사람만 예수님에게 용서를 구했다. 예수님은 이 죄수를 외면하지 않고 "오늘 네가 나와 함께 낙원에 있으리라"고 약속해 주셨다. 두 죄수의 차이가 무엇인가? 이들이 범한 죄의 경중인가? 이들의 차이는 예수님에게 용서를 구하고 구하지 않은 것뿐이다. 예수님은 하나님의 아들로, 인간의 죄를 대속하기 위해 이 세상에 와서 십자가에 달려 돌아가셨다. 이 사실을 믿을 때 하나님께 용서받을 수 있다. 그리고 이 세상을 떠난 후 예수님과 함께 영원히 낙원에 거하게 된다.

# 토론 질문

1. 사람들은 왜 하나님이 자신을 축복해 주기 위해 존재한다고 생각하는가?

2. 언제 하나님이 멀리 계신다고 느꼈는가?

3. 자신의 죄를 인정하는 것이 어려운 이유가 무엇인가?

4. 하나님께 용서받기 위해 무엇을 해야 하는가?

5. 죄를 용서받음으로써 얻을 수 있는 혜택은 무엇인가?

6. 적용하기로 결심한 것은 무엇인가?

9장

# 엠마오로 가던 두 제자 이야기

누가복음 24:13-35

목적지 없는 길을 가던 예수님의 제자 두 명이 있었다. 한 사람의 이름은 글로바이고 다른 사람은 누군지 알 수 없다. 이들은 예수님이 이스라엘을 구원할 메시아라고 믿었는데, 그분이 가룟 유다에게 배신을 당해 십자가에 달려 돌아가셨다. 두 사람은 모든 소망은 잃은 채 고향으로 돌아가고 있었다. 성경은 두 제자의 이야기를 통해 어떻게 하면 목적지 없는 길에서 벗어나 방향을 찾을 수 있는지 알려 준다.

## 1. 예수님이 함께하신다는 것을 깨달으라 (13-27절)

두 제자가 엠마오로 가는 길에 예수님이 나타나셨지만 그들은 주님을 알아보지 못했다. 무슨 이야기를 그렇게 진지하게 나누고 있는지 예수님이 물으시자, 두 사람은 예수님이 선지자이신 것과 많은 사람이 그가 메시아이기를 바랐다고 대답했다. 예수님은 그들의 믿음 없음을 꾸짖으며, 모세와 선지자의 글로 시작해서 모든 성경에 기록된 메시아에 대한 예언을 자세히 설명해 주셨다. 슬픔에 빠진 제자들에게 친히 와서 자신에 대해 증거하신 것이다. 두 제자처럼 목적지 없는 길을 가고 있다면, 바로 그런 상황에도 예수님이 함께하신다는 것을 기억하라.


## 2. 예수님을 삶 가운데 모셔라 (28-29절)

예수님과 두 제자는 엠마오에 도착했다. 날이 저물자 예수님은 제자들의 요청대로 그들의 집에 머물기로 하셨다. 이들에게 예수님은 길에서 처음 만난 사람이었지만, 더 교제하기 원하는 마음에 함께 유하시기를 청한 것이다. 인생의 길에서 헤매고 있다면, 제자들처럼 예수님을 삶 가운데로 모셔야 한다. 그리고 그분과의 교제를 누려야 한다. 예수님이 우리 삶의 목적과 방향을 알려 주실 것이다.

### 3. 예수님을 주인으로 삼으라 (30-35절)

저녁 먹을 때, 예수님은 떡을 가지고 축사한 후에 떼어 제자들에게 주셨다. 이것은 매우 생소한 행동이었다. 떡을 축사하고 떼어 주는 것은 집 주인의 일이기 때문이다. 두 제자는 예수님을 자신의 집에 초청한 것만이 아니었다. 집 주인의 자리에 모시고, 집 주인으로서의 일을 하도록 허락한 것이다. 이들은 예수님을 손님으로가 아니라 자신들의 주인으로 모셨다. 그러자 눈이 밝아져 예수님을 알아보게 되었다. 우리는 예수님을 길에서 처음 만난 사람이나 가끔 초대하는 손님으로 여겨서는 안 된다. 내 삶의 주인으로 모셔야 한다. 그래야 목적 없는 길에서 벗어나 방향을 제대로 찾을 수 있다.

## 토론 질문

1. 내가 지금 목적지 없는 길을 가고 있다는 것을 어떻게 알 수 있는가?

2. 어려운 일을 겪을 때 예수님이 함께하신다는 것을 쉽게 잊는 이유가 무엇인가?

3. 어떻게 예수님과 동행하는 삶을 살 수 있는가?

4. 어떻게 예수님을 삶의 주인으로 삼을 수 있는가?

5. 예수님은 삶의 주인으로서 어떤 일들을 해 주시는가?

6. 적용하기로 결심한 것은 무엇인가?

# 10장

# 열한 제자 이야기

누가복음 24:36-49

상식적으로나 통계적으로 절대 불가능해 보이는 일을 해야 할 때가 있다. 그럴 때는 차라리 포기하고 싶다는 생각이 든다. 그러나 예수님은 우리에게 절대적인 희망을 주신다. 부활이라는 완벽히 불가능한 일을 이루셨기 때문이다. 예수님에게는 불가능이란 없다. 그러므로 예수님의 제자들은 그분을 통해 우리를 위축시키는 불가능한 문제들을 이길 수 있음을 믿어야 한다.

## 1. 죄의 문제를 이길 수 있음을 믿으라 (36-47절)

예수님은 '모세의 율법과 선지자의 글과 시편'에 대해 말씀하며, 구약 성경이 그분의 구원 역사에 대해 기록한 것이라고 설명하셨다. 모든 인간은 원죄를 가지고 태어나 죄 가운데 산다. 그렇기 때문에 스스로의 힘으로 천국에 가는 것은 불가능하다. 죄인이 천국에 갈 수 있는 확률은 0퍼센트이다. 예수님은 죄가 없음에도 모든 사람의 죄를 대신 지고 십자가에 달려 돌아가셨다. 그리고 죽음에서 살아나심으로써 부활을 증명하셨다. 이 사실을 믿고 하나님께 용서받으면 영생을 얻을 수 있다. 예수님으로 인해 죄의 문제를 이기고 구원받을 수 있는 것이다.


## 2. 평범함의 문제를 이길 수 있음을 믿으라 (48절)

제자들은 평범한 사람이었지만, 예수님은 그들에게 특별한 사명을 주셨다. 예수님의 대사로서 복음을 증거하는 일이었다. 실제로 이들은 위험과 핍박을 무릅쓰고 부활하신 예수님을 전했다. 많은 사람이 평범한 삶에 갇혀 활력을 잃었다. 특별한 일을 해 낼 수 있다는 소망도 자신감도 없이 하루하루를 별 탈 없이 사는 데 만족한다. 하지만 예수님은 평범한 사람들에게 평범하지 않은 사명을 주셨다. 주님과 함께하면, 우리는 언제 어디서든 부활하신 예수님을 전하는 사명을 감당하면서 특별한 삶을 살 수 있다.

## 3. 연약함의 문제를 이길 수 있음을 믿으라 (49절)

제자들은 자신의 연약함을 이길 수 없었다. 이 사실을 잘 아는 예수님은 성령님을 약속해 주셨다. 약속대로 성령님이 오신 후, 제자들은 그 능력을 힘입어 초자연적인 일들을 해 내는 사람으로 변화되었다. 예수님을 믿는다고 해서 다시는 죄를 범하지 않는 것은 아니다. 예수님을 영접했더라도 죄성이 하루아침에 없어지는 것이 아니기 때문이다. 여전히 죄의 습관과 세상을 사랑하는 마음이 남아 있을 수 있다. 또 주님이 주신 사명을 감당할 힘이 부족할 수도 있다. 그러나 성경은 아무리 부족하고 자주 넘어져도 절망하지 말라고 명한다. 모든 그리스도인은 그 안에 거하시는 성령님으로 인해 연약함을 이길 수 있기 때문이다.

## 토론 질문

1. 삶 가운데 겪게 되는 불가능한 일들은 무엇인가?

2. 예수님은 어떻게 불가능한 일들을 이기게 해 주시는가?

3. 평범한 삶을 사는 것에 만족하는 이유가 무엇인가?

4. 하나님은 어떤 평범하지 않은 사명들을 주셨는가?

5. 어떻게 성령님의 능력을 사용할 수 있는가?

6. 적용하기로 결심한 것은 무엇인가?

# 11장

# 가야바 이야기

요한복음 11:47-53

가야바는 예수님 당시 대제사장으로서 이스라엘에서 막강한 힘을 가진 사람이었다. 엄청난 권력과 재력을 누렸으며 그에 따른 영향력도 대단했다. 그런데 문제가 생겼다. 예수님에게서 하나님의 능력이 나타날 뿐 아니라 그로 인해 많은 사람이 예수님을 따랐던 것이다. 가야바는 예수님이 자신의 기득권에 위협이 된다고 느끼자 그냥 둘 수 없다고 판단했고, 결국 그분에게 저항하는 헛된 결정을 내렸다.

## 1. 예수님께 저항할 때 입을 손해를 알라 (47절)

가야바는 예수님이 평범한 사람이 아니라는 것을 알았다. 그럼에도 예수님에게 저항했다. 예수님을 받아들이려면 자신에게 있는 가장 중요한 것들을 버려야 했다. 하지만 그는 부와 명예, 인기와 권력을 버릴 수 없었다. 예수님을 인정하려면 너무나 큰 대가를 치러야 했기 때문에 그는 예수님에게 저항하기로 결정했다. 그러나 역사에 의하면 가야바는 결국 모든 것을 잃었다. 예수님을 따르는 길이 손해인 것처럼 느껴질 때가 있다. 하지만 그분을 부인하면 더 큰 대가를 치르게 될 것이다. 기억하라. 예수님을 따르는 것은 우리에게 축복이다.

## 2. 예수님께 저항하려는 이유를 알라 (48-50절)

가야바는 더 많은 사람이 예수님을 따르면, 로마인들이 이스라엘의 땅과 민족을 빼앗을 것이라고 말했다. 마치 이스라엘 민족과 성전을 무척이나 사랑하는 것처럼 말했지만, 그는 위선자였다. 자신의 이익 때문에 예수님을 대적하면서 그 결정을 합리화하기 위해 거룩한 이유를 나열했다. 살면서 내리는 이런저런 결정들로 예수님에게 저항하고 있다면 그 이유가 무엇인가? '현실적으로 살아가려면 어쩔 수 없어. 하나님이 이해해 주실 거야'라고 생각하는가? 하지만 어떤 이유도 예수님에게 저항하는 것을 정당화할 수 없다. 내가 어떤 것을 예수님보다 우선순위에 두고 살아가는지, 그 이유가 무엇인지 냉정하게 생각해 보라. 자신의 솔직한 모습을 깨닫고 인정하는 것이 회개의 시작이다.

### 3. 예수님께 저항하는 것이 헛된 일임을 알라 (51-53절)

가야바는 예수님을 죽였지만, 하나님은 이 일을 통해 모든 인간을 구원하려는 계획을 이루셨다. 가야바는 예수님이 죽음을 통해 살았을 때보다 더 많은 것을 이루셨다는 사실을 후에 깨달았다. 하나님께 아무리 저항해도 그분의 계획은 반드시 성취된다. 온 세상이 하나님의 영광을 보여 주기 위해 창조되었기 때문이다. 하나님께 순종하든 저항하든, 그분의 영광은 드러난다. 하나님에게는 모두를 향한 계획이 있다. 하나님의 계획에 저항하려 해도 결국 그 뜻은 이루어질 것이고, 저항한 사람만 비참한 결말을 맞을 것이다. 가야바의 이야기는 하나님께 저항하는 것이 얼마나 어리석고 헛된 일인지 알려 준다.

## 토론 질문

1. 사람들은 어떤 식으로 예수님에게 저항하려 하는가?

2. 예수님에게 저항하는 이유는 무엇인가?

3. 예수님에게 저항함으로 인해 치르는 대가는 무엇인가?

4. 사람들은 예수님에게 저항하는 것을 어떻게 합리화하는가?

5. 예수님에게 저항하는 것이 어리석은 이유가 무엇인가?

6. 적용하기로 결심한 것은 무엇인가?

# 12장

# 큰 무리 이야기

요한복음 12:12-19

유월절이 며칠밖에 남지 않았을 때, 예수님이 예루살렘에 입성하셨다. 예루살렘에는 유월절을 보내기 위해 온 사람들로 가득차 있었다. 수많은 사람이 예수님을 따랐지만 모두 다른 목적을 갖고 있었다. 우리 역시 마찬가지다. 함께 교회에 다니고 예배를 드리지만, 예수님을 따르는 이유는 각자 다를 수 있다. 나는 어떤 이유로 예수님을 따르는가?

## 1. 바르게 이해하고 따르라 (12-13, 16, 19절)

큰 무리가 예수님을 따랐지만 그들은 예수님이 누구인지 제대로 알지 못했다. 그렇기 때문에 "호산나!"를 외친 많은 사람이 며칠 후 예수님을 향해 "십자가에 못 박아라!"라고 외친 것이다. 제자들 역시 예수님을 제대로 알지 못했기 때문에 주님이 돌아가시자 요한을 제외하고는 모두 도망갔다. 예수님의 적들도 마찬가지였다. 그들은 예수님이 거짓 선지자라고 확신하며 죽이려 했다. 오늘날에도 많은 사람이 예수님을 따르지만 그분을 제대로 이해하는가는 다른 문제다. 예수님을 바로 알아야 올바로 따를 수 있다.

## 2. 바르게 기대하며 따르라 (13-15절)

예수님을 따르던 사람들은 그분이 구원자가 되어 주시길 기대했다. 그들이 바란 것은 로마의 압제로부터 해방시켜 줄 정치적 구원자였다. 그러나 예수님은 나귀를 타고 입성하면서 자신은 세상 사람들이 생각하는 왕이 아님을 보여 주셨다. 예수님과 3년 동안 함께했던 제자들도 예수님에게 잘못된 기대를 하고 있었다. 그들 역시 예수님이 이스라엘의 왕이 되기를 기대하며 주님을 따랐다. 우리도 마찬가지다. 나의 바람을 채워 주실 것이라는 기대로 예수님을 따를 수 있다. 그러나 예수님은 그런 분이 아니다. 잘못된 기대는 실망으로 끝날 것이며, 그것은 전적으로 나의 책임이다. 바른 소망을 품어야 끝까지 따를 수 있다.

## 3. 바른 동기로 따르라 (17-19절)

많은 사람이 예수님을 따랐지만 그 동기는 각자 달랐다. 어떤 사람들은 개인적 이익 때문에 예수님을 따랐다. 그들은 예수님을 통해 무언가를 받을 수 있을 거라 생각했다. 바리새인은 의무감에 하나님을 따랐다. 그들에게 예배와 신앙은 기쁨보다는 책임에 가까웠다. 나사로 같은 사람들은 예수님으로부터 받은 것에 감사해서 주님을 따랐다. 병을 고쳐 주셔서, 먹을 것을 주셔서, 축복해 주셔서 예수님을 따랐다. 사명감 때문에 주님을 따른 사람들도 있었다. 그러나 이런 이유들은 예수님을 따르는 가장 중요한 이유가 될 수 없다. 이런 이유들이 사라지면 예수님을 따르지 않을 수 있기 때문이다. 예수님을 따르는 가장 좋은 동기는 사랑이다. 그 어떤 것보다 예수님께 받은 사랑 때문에 주님을 사랑하고 따라야 한다.

## 토론 질문

1. 사람들이 예수님을 따르는 이유가 무엇인가?

2. 예수님은 자신이 누구라고 말씀하셨는가?

3. 예수님이 구세주이심을 어떻게 믿을 수 있는가?

4. 예수님에게 어떤 잘못된 기대를 가질 수 있는가?

5. 내가 예수님을 따르는 동기는 무엇이라고 생각하는가?

6. 적용하기로 결심한 것은 무엇인가?

# 13장

# 세족식 이야기

요한복음 13:1-5, 12-17

예수님과 제자들이 유월절 식사를 위해 모였다. 그러나 제자들
모두 중요한 것을 잊고 있었다. 발을 씻지 않은 채 식탁에 앉은
것이다. 이를 본 예수님이 잡수시던 자리에서 일어나 겉옷을 벗
고 수건을 가져다가 허리에 두르셨다. 그리고 대야에 물을 떠서
제자들의 발을 씻긴 다음 수건으로 손수 닦아 주셨다. 이것이
예수님이 십자가에서 돌아가시기 직전에 하신 일이다. 이 일을
통해 예수님은 우리에게 매우 중요한 사실을 가르쳐 주신다.

## 1. 사랑으로 섬겨라 (1절)

왜 예수님은 십자가에 돌아가시기 전에 제자들의 발을 씻기셨는가? 사람들에게 인정받기 위해서도, 감동을 이끌어 내기 위해서도 아니었다. 예수님이 제자들의 발을 씻기신 것은 그들을 사랑해서였다. 예수님은 제자들이 얼마나 이기적인지 잘 알고 계셨다. 곧 그분을 부인할 것도 아셨다. 그러나 예수님은 그들을 끝까지 사랑하셨다. 이것이 우리가 예수님께 받은 사랑이다. 이 엄청난 사랑을 경험한 제자들은 같은 사랑으로 다른 사람들을 섬겨야 한다. 우리 안에 사랑이 없다면 누구도 섬길 수 없겠지만, 주님으로부터 받은 사랑이 넘친다면 자연스럽게 섬길 수 있을 것이다.


## 2. 구체적으로 섬겨라 (4-5절)

예수님은 왜 제자들의 발을 씻기셨는가? 더러웠기 때문이다. 예수님 당시 사람들은 집에 들어오면 가장 먼저 발을 씻었다. 손님이 방문하면 집 주인은 하인을 시켜 발을 씻어 주는 것이 예의였다. 그러나 이날에는 아무도 예수님과 제자들의 발을 씻어 주지 않았다. 예수님은 제자들의 더러운 발을 손수 씻기셨다. 예수님이 하신 일은 대단히 어렵거나 거창한 일은 아니었지만 현실적으로 매우 중요한 일이었다. 주님의 제자라면 예수님처럼 섬겨야 한다. 주위 사람들의 필요를 살피고 구체적으로 돕는 것이 예수님이 가르쳐 주신 섬김의 모습이다.

### 3. 지금 있는 곳에서 섬겨라 (12-15절)

예수님은 이제 몇 시간 후면 십자가에 못 박혀 돌아가실 것이다. 그러나 서로 사랑하는 것의 예를 보여 주기 위해 손수 제자들의 발을 씻기셨다. 예수님의 사랑을 배우고 싶다면, 지금 있는 곳에서 섬김을 실천해야 한다. 가정에서는 가족을 섬기고, 직장에서는 동료를 섬기며, 교회에서는 매주 만나는 성도를 섬겨야 한다. 옆에 있는 사람을 섬기지 못하면 아무도 섬길 수 없다. 지금 있는 곳에서 봉사의 수건을 둘러야 한다.

## 토론 질문

1. 예수님이 제자들의 발을 씻기신 이유가 무엇인가?

2. 예수님의 리더십과 세상 사람들이 생각하는 리더십의 차이는
   무엇인가?

3. 세상 사람들은 어떤 동기로 다른 사람을 섬기는가?

4. 다른 사람을 섬기는 현실적인 방법은 무엇인가?

5. 지금 있는 곳에서 사람들을 섬기기 위해서는 무엇을 해야 하는가?

6. 적용하기로 결심한 것은 무엇인가?

# 14장

# 성령님 이야기

요한복음 16:5-15

여러 선택지 중 가장 좋은 길이 무엇인지 어떻게 알 수 있을까? 어느 길이 가장 좋은지 알려 줄 사람이 있다면 얼마나 좋을까? 성경은 이런 분이 있다고 말한다. 성경은 우리를 인도할 성령님이 우리 안에 계신다고 말한다. 그러므로 하나님이 열어 주시는 가장 좋은 길을 가기 위해서는 성령님의 인도에 항상 민감해야 한다.

## 1. 성령님의 임재에 민감하라 (5-7절)

예수님은 십자가를 앞두고 이제 곧 제자들을 떠날 것이라고 말씀하셨다. 슬퍼하는 제자들에게 주님은 또 다른 보혜사를 보내 주겠다고 약속하셨다. 예수님은 성령님을 '보혜사'라고 부르셨다. 헬라어로 보혜사란 '옆에 와서 도와주는 분'이라는 뜻이다. 제자들과 함께 거할 때는 예수님이 직접 보혜사가 되었지만 육신을 입고 계셨기 때문에 한계가 있었다. 그러나 성령님은 영이기 때문에 여러 장소에 여러 사람과 함께 거하실 수 있다. 성령님은 성도와 항상 함께하며 그들을 떠나지 않으신다. 따라서 성령님의 인도를 받기 위해서는 그분의 임재에 민감해야 한다.


## 2. 성령님의 책망에 민감하라 (8-11절)

성령님은 죄에 대해 책망하시고, 의에 대해 증거하신다. 또 장차 올 심판에 대해 경고하신다. 이를 통해 예수님을 모르는 사람들이 주님을 믿도록 도우신다. 또한 그리스도인이 범하는 죄에 대해 책망하심으로써 그들이 성화된 삶을 살도록 도우신다. 회개하고 돌이키는 자에게 하나님은 용서와 자유를 선물로 주신다. 따라서 우리는 성령님의 책망에 민감해야 한다. 그러기 위해서는 말씀과 기도로 늘 깨어 있어야 한다. 영적으로 둔감하면 성령님의 인도를 받을 수 없기 때문이다.

### 3. 성령님의 인도에 민감하라 (12-15절)

예수님은 성령님이 오면 그분이 모든 진리 가운데로 우리를 인도할 것이라고 말씀하셨다. 중요한 결정을 앞두고 있는데 어느 것이 가장 좋은 길인지 몰라 막막할 수 있다. 이럴 때 가장 먼저 성령님께 도움을 구해야 한다. 그러면 가장 좋은 길로 인도해 주실 것이다. 할 수 있는 것들을 다 해 본 다음 마지막 방법으로 기도하는 것이 아니라 가장 먼저 성령님의 인도를 구해야 한다. 그렇다면 우리는 어떻게 성령님께 인도받을 수 있을까? 성령님은 어떻게 그분의 뜻을 깨닫게 하시는가? 말씀을 통해, 기도를 통해, 다른 영적인 사람들을 통해 인도해 주신다. 주위 환경을 통해 인도하기도 하신다. 날마다 성령님의 음성에 귀 기울이며 그분의 인도에 민감하게 반응해야 한다. 그래야 주님이 열어 주시는 가장 좋은 길을 걸을 수 있다.

## 토론 질문

1. 사람들은 중요한 결정을 어떻게 내리는가?

2. 하나님의 뜻을 어떻게 깨달을 수 있는가?

3. 성령님이 함께하신다는 것을 어떻게 알 수 있는가?

4. 성령님은 우리를 어떻게 책망하시는가?

5. 성령님은 그분의 뜻대로 결정하도록 어떻게 도우시는가?

6. 적용하기로 결심한 것은 무엇인가?

# 15장
# 빌라도 이야기

요한복음 18:28-40

"침묵은 금이다"라는 명언이 있지만 억울한 일을 당할 때 침묵
을 지키는 것은 쉬운 일이 아니다. 요한복음 19장에서 예수님은
본디오 빌라도에게 거짓 정죄를 당할 때 침묵하신다. 하지만 좀
더 자세히 살펴보면, 요한복음 18장에서는 빌라도와 대화를 나
누시고 19장에서는 그의 질문에 침묵하셨다. 예수님의 침묵을
이해하면 주님이 빌라도를 포함한 우리 모두에게 무엇을 요구
하시는지 알 수 있다.

## 1. 예수님에 대해 개인적 결단을 하라 (28-35절)

빌라도는 예수님의 왕권에 대해 물었지만, 사실 그에게는 진실을 알고자 하는 마음이 없었다. 그러면서도 진리를 추구하는 척했다. 그는 예수님의 말씀을 듣지 않았고 이해하지도 못했다. 마음이 부정한 것은 유대인의 종교 지도자만이 아니고 빌라도 역시 마찬가지였다. 예수님의 메시지는 우리 마음이 오염되었음을 깨닫게 한다. 뿐만 아니라 그 마음을 바꾸기 위해서는 주님을 개인적으로 받아들여야 한다는 것을 알려 준다. 모든 사람은 예수님을 나의 구세주로 영접해야 한다.

## 2. 예수님에 대해 내적 결단을 하라 (36-37절)

예수님은 무력으로 그분의 나라를 세우기 위해 오신 것이 아니다. 사람들의 마음을 주장하기 위해 오셨다. 즉 마음을 통치하기 위해 이 세상에 오신 것이다. 모든 사람의 마음은 죄로 오염되었으며 예수님을 통해서만 치유될 수 있다. 따라서 예수님에 대해 내적 결정을 해야 한다. 이는 예수님이 내 마음의 왕이 되어 나의 소망과 의지를 주장하시도록 자리를 내어 드리는 결정이다. 겉으로 드러나는 신앙생활은 중요하지 않다. 주님에게 내 삶의 주인 자리를 드리는 내적 결단을 할 때 진정한 변화와 치유를 경험할 수 있다.

## 3. 예수님에 대해 독점적 결단을 하라 (38-40절)

예수님은 모든 사람에게 관용을 베푸셨다. 그분을 의심하는 제자들에게, 그분을 이해하지 못하는 사람들에게…. 죄를 범하는 자들에게도 관용을 베푸셨다. 그러나 관용을 베풀 수 없는 한 영역이 있었다. 이 영역에 대해서는 독단적이었다. 예수님은 그분이 누구이며, 세상이 어떻게 해야 구원을 얻을 수 있는지에 대해서는 관용을 보이지 않으셨다. 이 영역에는 단 하나의 진리밖에 없기 때문이다. 그 진리는 예수님이다. 모든 사람은 예수님에 대해 독점적 결단을 내려야 한다. 예수님을 믿는다고 하면서 다른 것도 함께 따른다면 그는 진리를 선택하지 않은 것이다.

## 토론 질문

1. 모함을 당한 경험이 있는가?

2. 거짓으로 정죄 당할 때 침묵하기 어려운 이유가 무엇인가?

3. 예수님에 대해 어떤 개인적 결단을 해야 하는가?

4. 예수님을 통해 내적 변화를 받아야 하는 이유가 무엇인가?

5. 오직 예수님만 선택해야 하는 이유가 무엇인가?

6. 적용하기로 결심한 것은 무엇인가?

# 16장

# 막달라 마리아와
# 열 제자, 도마 이야기

요한복음 20:11-29

예수님은 제자들에게 이미 여러 번 자신이 죽었다가 부활할 것이라고 말씀하셨다. 따라서 제자들은 예수님이 십자가에서 돌아가셨을 때 믿음으로 그분의 부활을 기다려야 했다. 그러나 그들은 예수님의 부활을 기다리지도 믿지도 못했다. 예수님은 이런 제자들을 꾸짖지 않고 그들의 믿음이 성장하도록 도우셨다. 우리 안에는 부활하신 예수님에 대한 흔들리지 않는 믿음이 있는가?

## 1. 감정에 치우치지 말고 성경적 믿음을 가져라 (11-18절)

마리아는 예수님의 시체가 없어진 것 때문에 극도의 불안과 슬픔에 싸여 천사와 부활하신 예수님을 알아보지 못했다. 마리아의 믿음은 매우 감정적이었다. 그녀에게는 느끼는 것이 곧 믿는 것이었다. 우리 가운데도 느낌을 강조하는 감정적인 믿음의 사람들이 있다. 이들은 어떤 집회에 참석해서 눈물을 흘려야 뜨거운 예배를 드렸다고 생각하고, 그 느낌이 없어지면 영적으로 시들해졌다고 여긴다. 그러나 예수님은 감정적인 믿음이 아닌 말씀에 근거한 믿음을 요구하신다. 흔들리지 않는 분명한 믿음을 가질 때 우리는 주님이 주신 사명을 감당할 수 있다.

## 2. 두려움을 버리고 담대한 믿음을 가져라 (19-23절)

예수님은 두려움에 싸여 숨어 있는 제자들에게 나타나 평안을 주셨다. 또한 상처를 보여 주며 자신이 부활한 예수님임을 확인시켜 주셨다. 제자들의 두려움이 기쁨으로 변하자 주님은 새로운 사명을 주셨다. 우리 역시 수많은 두려움에 휩싸일 때가 있다. 미래에 대한 두려움, 죽음에 대한 두려움, 관계에 대한 두려움, 실패에 대한 두려움이 우리 앞을 가로막는다. 부활하신 주님이 우리에게 다가오신다. 웅크리고 있는 우리를 일으켜 두려움을 이길 힘을 주신다. 그리고 상상할 수 없었던 놀라운 사명과 함께 그것을 감당할 능력을 주신다. 부활의 주님은 우리를 전혀 새로운 사람으로 만들어 주실 것이다. 부활의 주님과 함께라면 우리는 두려움을 이기고 담대한 믿음을 가질 수 있다.

### 3. 의심을 버리고 확실한 믿음을 가져라 (24-29절)

도마는 의심이 많은 사람이었다. 그는 예수님의 말씀뿐 아니라 다른 제자들이 전해 주는 증거도 믿지 않았다. 예수님은 도마의 이런 마음을 아셨기 때문에 일주일 후에 다시 나타나서 그의 의심을 확신으로 바꾸어 주셨다. 모든 사람은 무엇인가를 믿는다. 차이는 '무엇'을 믿는가에 있다. 그리스도인은 하나님의 말씀과 부활하신 예수님을 믿지만, 그렇지 않은 사람은 자기 자신을 믿는다. 이해할 수 있는 것만 믿으려 한다. 그렇기 때문에 모든 사람은 부활하신 예수님을 만나야 한다. 부활의 주님을 개인적으로 경험함으로써 의심에서 확신으로 넘어가야 한다. 도마가 의심을 버리고 예수님을 '나의 주 나의 하나님'으로 고백했던 것처럼 말이다.

## 토론 질문

1. 제자들이 예수님의 부활을 믿지 못한 이유가 무엇인가?

2. 감정의 지배를 받는 믿음에서 벗어나지 못하는 이유가 무엇인가?

3. 삶 가운데 두려워하는 것들은 무엇인가?

4. 하나님의 말씀을 믿지 못하는 이유가 무엇인가?

5. 어떻게 의심을 버리고 확신을 가질 수 있는가?

6. 적용하기로 결심한 것은 무엇인가?

## 17장

# 베드로 이야기

요한복음 21:15-19

예수님이 부활하실 때 하나님은 무덤 입구를 막은 돌을 옮기셨다. 크고 무거운 돌을 굴려 부활의 증거가 되게 하셨다. 하나님은 오늘날에도 사람들의 앞길을 막고 있는 돌들을 옮기신다. 그중 하나는 의심의 돌이다. 누구나 실수를 범하면 자신감을 잃고 자신에 대해 의심한다. 이럴 때에는 하나님의 말씀으로 격려를 받아 자신감을 되찾아야 한다.

## 1. 실패를 인정하라 (15-17절)

예수님이 잡히시던 날, 베드로는 엄청난 실수를 했다. 예수님이 미리 경고하셨음에도 불구하고 세 번이나 주님을 부인했다. 예수님은 그런 베드로에게 찾아와서 "네가 나를 사랑하느냐?"라고 세 번 물으셨다. 이 질문을 통해 예수님은 베드로가 자신의 실패를 인정하도록 도우셨다. 그 이유가 무엇인가? 실패를 인정하지 않으면 용서받을 수 없기 때문이다. 잘못을 인정하고 회개할 때에만 하나님께 용서받을 수 있으며, 그런 사람만이 자신감을 되찾고 자신에 대한 의심을 이길 수 있다.

## 2. 실패자가 아님을 인식하라 (15-17절)

실패했다고 실패자가 되는 것은 아니다. 스스로를 실패자로 여기면 자신감을 잃고 더 많은 실수와 실패를 반복하게 된다. 베드로는 사람들 앞에서 예수님을 세 번이나 부인했지만, 이것으로 그의 삶이 끝나지 않았다. 부활한 예수님은 베드로에게 찾아와 "네가 나를 사랑하느냐"라고 세 번 물으셨고, 베드로는 예수님을 사랑한다고 세 번 고백했다. 그러자 예수님은 "내 양을 먹이라"라고 세 번 당부하셨다. 이 말씀은 예수님이 베드로를 버리지 않으셨다는 사실을 보여 준다. 베드로는 실패했지만, 예수님은 그를 영원한 실패자로 여기지 않고 회복시켜 주셨다.

## 3. 실패를 하나님의 관점에서 보라 (18-19절)

예수님은 베드로를 회복시키고, 그가 남은 인생을 예수님을 위해 살다가 죽을 것이라고 말씀하셨다. 이 말씀은 베드로에게 큰 격려가 되었을 것이다. 교회사를 보면, 베드로는 예수님의 말씀대로 평생 주님을 위해 살다가 순교했다. 베드로가 예수님을 배신했을 때는 실패자인 것 같았지만, 예수님은 그를 복음의 사도로 보셨다. 베드로 자신은 몰랐어도 예수님은 이 사실을 아셨다. 그래서 포기하지 않고 여전히 자신의 제자로 인정하셨다. 실패를 인간의 관점이 아닌 하나님의 관점에서 보아야 한다. 실패는 하나의 사건에 불과하고, 그 자체로 영원한 운명이 결정되지 않는다. 오히려 실패 이후 더 굳건한 사명자로 설 수 있는데 그것은 부활하신 예수님 때문에 가능하다.

# 토론 질문

1. 앞을 가로막고 있는 장애물 같은 돌은 무엇인가?

2. 실패하고 나면 자신감을 잃고 스스로를 의심하게 되는 이유는
   무엇인가?

3. 실패를 인정하는 것이 쉽지 않은 이유가 무엇인가?

4. 실패해도 실패자가 아닌 이유가 무엇인가?

5. 성공과 실패를 사람의 관점에서 보면 안 되는 이유가 무엇인가?

6. 적용하기로 결심한 것은 무엇인가?

# 부활절 이야기

2025년 3월 14일 1판 1쇄 펴냄

| | |
|---|---|
| **지은이** | 스티브 강 |
| **펴낸곳** | 도서출판 예수전도단 |
| **출판 등록** | 1989년 2월 24일 (제2-761호) |
| **주소** | 서울특별시 관악구 신림로7나길 14 |
| **전화** | 02-6933-9981 · 팩스 02-6933-9989 |
| **이메일** | ywam_publishing@ywam.co.kr |
| **홈페이지** | www.ywampubl.com |

ISBN 978-89-5536-645-7